行政违法行为检察监督研究

XINGZHENG WEIFA XINGWEI

JIANCHA JIANDU YANJIU

唐 张 ◎ 著

法律出版社

LAW PRESS·CHINA

——— 北京 ———

图书在版编目（CIP）数据

行政违法行为检察监督研究／唐张著. -- 北京：法律出版社, 2025. -- ISBN 978-7-5244-0239-8

Ⅰ. D922.104

中国国家版本馆 CIP 数据核字第 20258LD113 号

行政违法行为检察监督研究
XINGZHENG WEIFA XINGWEI JIANCHA JIANDU YANJIU

唐　张　著

策划编辑　许　睿
责任编辑　许　睿
装帧设计　李　瞻

出版发行	法律出版社	开本	710 毫米×1000 毫米　1/16
编辑统筹	司法实务出版分社	印张	15.5　　字数　226 千
责任校对	周　洁	版本	2025 年 6 月第 1 版
责任印制	胡晓雅	印次	2025 年 6 月第 1 次印刷
经　销	新华书店	印刷	北京建宏印刷有限公司

地址：北京市丰台区莲花池西里 7 号（100073）
网址：www.lawpress.com.cn　　　　　　　　销售电话：010-83938349
投稿邮箱：info@lawpress.com.cn　　　　　　客服电话：010-83938350
举报盗版邮箱：jbwq@lawpress.com.cn　　　　咨询电话：010-63939796
版权所有·侵权必究

书号：ISBN 978-7-5244-0239-8　　　　　　　定价：69.00 元

凡购买本社图书，如有印装错误，我社负责退换。电话：010-83938349

序　言

在全面推进依法治国的进程中，行政违法行为检察监督成为关键一环，对法治政府建设和社会公平正义的维护意义深远。本书围绕这一主题展开深入研究，旨在剖析现状、解决问题，推动行政违法行为检察监督工作迈向新高度。

在法治建设的漫长进程中，行政违法行为检察监督作为维护法治秩序、保障公民权益的关键环节，正日益凸显其重要性。2019年2月，中央全面依法治国委员会第二次会议明确提出"法治是最好的营商环境"，要"营造市场化、法治化、国际化的一流营商环境"。

在法治实施进程里，政府是极为重要的主体。打造法治化一流营商环境，行政机关的依法行政起着决定性作用。从依法行政的发展历程来看，我国依法行政经历了从起步到不断发展完善的过程。早期受多种因素制约，依法行政基础薄弱。改革开放后，依法行政理念逐渐深入人心，从1978—1989年的起步阶段，到1989—1996年的发展阶段，再到1996—2012年的全面推进阶段，以及新时代下的持续深化发展，每一个阶段都见证了依法行政理念的不断丰富和制度的逐步完善。

推进法治政府建设是行政违法行为检察监督的重要目标。法治政府是法治国家建设的关键环节，而检察监督是实现这一目标的重要助推器。检察机关通过对行政违法行为的监督，督促行政机关严格按照法定程序和法律规定办事，提高行政效率，增强政府决策的科学性和合法性。同时，检察监督与党内监督、人大监督、社会监督等多种监督形式相互配合、相互补充，形成强大的监督合力，共同推动法治政府建设进程，确保行政权力始终在法治轨道上运行。

党的十八大以来，法治政府建设虽取得一定成效，但行政机关违法行使职权、不行使职权的现象依旧存在，如多头执法、乱收费等问题，严重影响了政府公信力和法治环境。在此背景下，行政违法行为检察监督的重要性越发凸显。2014年，十八届四中全会为行政违法行为检察监督提供了政策依据，明确检察机关应督促纠正行政机关的违法失职行为。此后，2021年，中共中央印发《中共中央关于加强新时代检察机关法律监督工作的意见》，进一步明确了行政违法行为检察监督的定位，为检察机关开展相关工作提供了有力支撑。2024年，最高人民检察院印发《关于人民检察院在履行行政诉讼监督职责中开展行政违法行为监督工作的意见》，详细规定了监督范围、标准及重点，推动行政违法行为检察监督工作逐步走向规范化、制度化。

行政违法行为检察监督具有多方面重要意义。在规范行政权力正确行使方面，行政权广泛且活跃，其运行状况直接关系国家法治水平和公民权益。检察监督作为外部监督的关键方式，能够有效监督行政权力的行使，防止权力滥用。例如，在一些涉及市场监管、工程建设等领域的案件中，检察机关通过行使检察监督权，督促行政机关依法履职，纠正违法行政行为，维护了市场秩序和公共利益。

然而，行政违法行为检察监督在实践中并非一帆风顺，面临诸多挑战。从监督依据看，虽然宪法和相关法律赋予了检察机关法律监督的权力，但在具体的行政违法行为检察监督实践中，相关法律规定较为分散、原则性较强，缺乏详细、可操作性的条款，导致检察机关在开展监督工作时常常面临"无法可依"的困境，影响了监督工作的深入开展。从监督范围看，存在一定的局限性。目前对行政行为的检察监督主要集中在对具体行政行为的监督上，对抽象行政行为的监督相对薄弱，且在保护公民个人权益方面，还存在一些监督空白地带，难以满足公民日益增长的法治需求。从监督程序看，由于缺乏统一、明确的规范，在案件线索的发现、受理、调查核实以及处理结果的反馈等环节，都存在操作不规范、标准不统一的问题，这不仅影响了监督工作的效率，还可能导致监督效果大打折扣。此外，现有的监督方式，如检察建议等，大多缺乏强制执行力，对行政机关的约束力有限，难以确保行政机关真正落实监督意见，监督工作的权威性受到一定程度的挑战。

面对困境，本书试图探寻破局之道。在制度设计层面，明确行政违法行为检察监督的依据至关重要，这不仅需要梳理整合现有的政策法规，更要从理论根源上进行深入挖掘，构建起完善的理论体系，为监督工作提供坚实的依据支撑。同时，遵循科学合理的原则，进一步拓展监督范围，创新监督方式，提高监督工作的针对性和实效性。例如，探索建立对抽象行政行为的常态化监督机制，加大对公民个人权益保护的监督力度，丰富监督手段，增强监督的刚性和权威性等。此外，借鉴国外在行政监督领域的先进经验，结合我国国情，探索适合我国行政违法行为检察监督的新模式，推动我国行政违法行为检察监督工作实现跨越式发展。

本书对行政违法行为检察监督的研究，无论是对丰富法学理论，还是指导检察实践，都具有重要的价值。通过对行政违法行为检察监督的深入探讨，有助于完善我国的法治监督体系，推动检察机关更好地履行法律监督职责，促进行政机关依法行政，切实保障公民、企业的合法权益。我们坚信在社会各界的共同关注和努力下，行政违法行为检察监督将在我国法治建设中发挥更大的作用，为实现国家治理体系和治理能力现代化贡献强大的法治力量，助力我国早日建成法治国家、法治政府、法治社会，让法治的光芒照亮社会的每一个角落。

南京大学法学院教授
博士生导师 王太高
2025 年 6 月

目 录

第一章 依法行政的基本内容   001
  第一节 依法行政的发展历程   001
    一、依法行政概念的诠释   001
    二、我国早期依法行政的发展历程   004
    三、新时代下依法行政的发展历程   006
  第二节 依法行政的原则、要求及标准   007
    一、依法行政的原则   007
    二、依法行政的要求   009
    三、依法行政的评价标准   012
  第三节 依法行政面临的问题及实现路径   015
    一、当前依法行政面临的问题   015
    二、依法行政存在问题的原因分析   017
    三、依法行政实现路径的构建   017
    四、行政违法行为检察监督的价值分析   023

第二章 行政违法行为检察监督基本理论和实践意义   025
  第一节 行政违法行为检察监督的概念与特征   025
    一、行政违法行为检察监督的概念   025
    二、行政违法行为检察监督的基本特征   031
  第二节 行政违法行为检察监督的实践意义   034

一、规范行政权力正确行使　　035

　　二、推进法治政府建设　　038

　　三、保障公民合法权益　　045

　　四、弥补当前监督效能不足　　048

第三章　行政违法行为检察监督的域外借鉴和启示　　050

第一节　域外行政违法行为检察监督制度　　050

　　一、苏联行政违法行为检察监督相关制度　　050

　　二、英美法系国家行政违法行为检察监督相关制度　　051

　　三、大陆法系国家行政违法行为检察监督相关制度　　054

第二节　域外行政违法行为检察监督制度启示　　057

　　一、强调公共利益，兼顾个人权益的全面保障　　057

　　二、聚焦具体行政行为监督，审慎把握监督边界　　057

　　三、多元化监督手段并行，强化监督效能　　058

　　四、依托检察权赋能公民监督，构建全方位监督网络　　059

第四章　行政违法行为检察监督实践探索及边界考量　　060

第一节　我国行政违法行为检察监督的实践探索情况　　060

　　一、部分地区行政违法行为检察监督基本情况　　060

　　二、各地行政违法行为检察监督探索经验　　070

第二节　行政违法行为检察监督面临的问题及成因　　073

　　一、我国行政违法行为检察监督面临的问题　　073

　　二、我国行政违法行为检察监督的困境成因　　081

第三节　行政违法行为检察监督的边界考量　　083

　　一、行政违法行为监督与行政公益诉讼的概念区分　　083

　　二、行政违法行为监督与行政公益诉讼的共性分析　　084

　　三、行政违法行为监督与行政公益诉讼的不同之处　　086

第一章　依法行政的基本内容

谈到行政违法行为监督，必须将其放在依法行政的整体框架下去研究。在人类社会发展的历史长河中，如何对权力进行制约一直是一项重要的课题。孟德斯鸠在《论法的精神》一书中曾说："一切有权力的人都容易滥用权力，这是万古不易的一条经验。有权力的人使用权力一直到遇到有界限的地方才休止。"① 随着社会文明的发展，法律成为权力的界限，依法行政越来越多地成为社会的共识，"法律的基本作用之一乃是约束和限制权力，无论是私人的权力还是政府的权力。在法律统治的地方，权力的自由行使受到行为规则的阻碍，这些规则使掌握权力者受到一定行为方式的约束"。② 回顾我国依法行政的发展历程，总结与探索依法行政的理论与实践，将有助于我们更好地理解与研究行政违法行为检察监督。

第一节　依法行政的发展历程

一、依法行政概念的诠释

"行政"一词，英文为 administration，从词义上讲，有治理、管理、执行事务等意思，也可以称为施政。《左传》中就有"行其政令""行其

---

① ［法］孟德斯鸠：《论法的精神》（上册），张雁深译，商务印书馆1961年版，第153页。
② ［美］E. 博登海默：《法理学：法律哲学与法律方法》，邓正来译，中国政法大学出版社2004年版，第372页。

政事"之说。从行政法意义上对行政进行定义，行政是指行政主体行使国家行政权的行为。依法行政，简言之，就是行政主体依据法律法规行使权力、管理国家事务的活动。

要准确界定依法行政的内涵和外延，需要明确两个概念，首先是要明确"法"的范围。在依法行政的语境下，法律是行政机关据以作出行政行为和人们对该行为进行评价的标准。亚里士多德认为："法治应包含两重意义：已成立的法律获得普遍的服从，而大家所服从的法律又应该本身是制定得良好的法律。"西方国家三权分立原则，强调国会对立法的控制权，因而在早期，他们只将国会制定的法律理解为法律，随着社会的不断发展，政府发挥着越来越重要的作用，特别是在行政管理领域出现了越来越多的由政府制定的法规，"法"的内容逐渐充实，在判例法的国家，还包括法院制作的判例。各国行政法学界对依法治国的理解也有所不同，如德国强调法律优位与法律保留，法国强调公共权力和公共行为受行政法的支配，英国强调越权无效，美国强调正当法律程序，等等。①

我国行政法学界对依法行政的理论研究也在不断推进，产生了很多具有代表性的论述，比如应松年教授与朱维究教授认为，行政法最重要的就是合法性原则和合理性原则；马怀德教授更细化地提出了信赖利益保护原则、比例原则等。虽然理论界的论述百花齐放、百家争鸣，但对于依法行政中"法"的认识，基本达成以下共识：

一是由有立法权的国家机关，如全国人大及其常委会等，按照法律规定的程序，对行政活动制定的法律文件及其法律解释。具体说来，依据不同层级，可以分为：（1）法律，其制定主体为全国人大及其常委会；（2）行政法规，其制定主体为国务院；（3）地方性法规，其制定主体是地方各级人大及其常委会；（4）自治条例和单行条例，其制定主体为民族自治地方的自治机关；（5）部门规章、地方规章，其制定主体为相关政府。

---

① 参见莫于川：《发展全过程人民民主与民主行政法理论探索》，载《荆楚法学》2023年第3期。

二是法律条文背后体现的法的精神和原则。虽然写在具体条文中的法律规定的内容更容易被人们感知、认识，但从认识和理解事物的规律看，也应探寻条文背后蕴含的精神和原则，这些法的精神和原则，也是"依法行政"中"法"的内容。法的精神和原则之所以也应当作为依法行政的重要依据，是因为法的精神和原则是对法律运行内在规律的反映，能够对法律进行评价，并且与具体的法律条文相比，法的精神和原则更具有稳定性和普适性。一方面，在对法律条文的理解有分歧时，法的精神和原则可以帮助人们准确理解、正确适用法律条文；另一方面，具体法律条文不可避免具有滞后性，面对日新月异的社会生活，单纯靠已有的法律规定，已不能满足处理纷繁复杂社会关系的需要，法的精神和原则可以弥补成文法的不足，帮助我们作出判断。如在张某某与某市政府房屋登记行政复议纠纷案中，在对行政复议合法性进行评判时，法官就充分解释和适用了正当程序原则，在《行政复议法》的具体条文没有对行政复议机关必须通知第三人参加复议作出明确规定的情况下，当行政机关作出的行政处理决定可能对他人产生不利影响时，应当给利害关系人发表其意见的机会。

值得注意的是，行政机关为规范日常工作自己制定出台的规范性文件，也就是我们通常所说的"红头文件"，不属于"依法行政"中所说的"法"的范围。《行政诉讼法》在具体的制度设计中，就提出行政相对人可以对行政机关作出行政行为时所依据的规范性文件一并请求法院进行合法性审查，但同时明确规定能够请求法院进行合法性审查的规范性文件不包含规章。因此，规范性文件本身并不当然都具有合法性，依据这些规范性文件实施的行政行为，也不一定都符合"依法行政"的要求，如果这些规范性文件本身不符合法律、法规、规章的相关规定，则需要通过一定的程序进行纠正。

依法行政还要明确行使的主体。我们通常说，依法行政的主体就是行政主体，那么何为行政主体？最常见的说法是行政主体是有相应的行政权力，能够以自己的名义实施相关行政行为，并独立承担由此引发的法律后果的国家机关和社会组织。王名扬先生在《法国行政法》中对行政主体有过专门论述，他认为，行政主体是一个法律概念。就法律意义而言，行政主体是实施行政职能的组织，即享有实际行政职务的权力，并负担由于实施行政职务而产生的权利、义务和责任的主体。① 通过上述分析可知，行政主体有"权、名、责"三个特征：（1）权，享有国家权力来实施行政管理活动。（2）名，能够以自己的名义行使行政权力。（3）责，对实施行政活动所引发的法律后果，能够独立承担法律责任。

在具体分类上，又可以将行政主体分为行政机关和法律法规授权的组织。行政机关是最常见的行政主体类型，包括政府各级部门、局、委等，如生态环境局、自然资源和规划局、国家发展和改革委员会等。除传统的行政机关外，有些特定的社会组织，在法律或法规的授权下，也可以成为行政法意义上的行政主体，如村民委员会、高等教育机构等。

综上所述，我们可以将依法行政概括为是行政机关和法律法规授权的组织，依照法律、法规、规章的规定管理社会公共事务，在法律、法规、规章没有明确规定的情况下，应当立足行政法治的原则和精神，规范行使职权。整体上，依法行政要坚持"三个统一"：一是要做到履职与担责相统一。行政主体行使的行政权是行政主体享有的权力，即其有权自己作出或要求相对人作出一定行为，但同时也是行政主体承担的义务，不得随意放弃。二是要做到实体与程序相统一。即要求行政主体作出的行政行为，不仅实体上要符合法律、法规、规章的要求，程序上也不得违反相关规定。三是要做到形式与实质相统一。即对行政行为的评价，不只立足于现有法律、法规、规章的明确规定，也要从法治精神和行政法原则上进行评价。

二、我国早期依法行政的发展历程

从依法行政的概念分析来看，依法行政是民主和法治发展到一定程度

---

① 参见王名扬：《法国行政法》，中国政法大学出版社1988年版，第39页。

时的产物。中国早期社会中，受自然经济、专制政治以及"官本位"等文化观念的影响，民主与法治精神严重不足，故而也就不具有依法行政的基础。中华人民共和国成立后，我国高度重视民主与法制工作，取得了非常显著的成就，随后由于历史原因，直至1978年，我国民主与法制工作才再度发展。

（一）起步阶段（1978—1989年）

在党的十一届三中全会之后，党和国家的工作中心发生了根本性变化，以经济建设为中心，同时实行改革开放，我国经济社会进入一个快速发展时期，对民主与法制的需求也不断加强。1978年12月22日，"有法可依，有法必依，执法必严，违法必究"十六字方针被写入党的十一届三中全会公报中，既明确完整地概括了我国社会主义法制在内容上的基本要求，也指明了我国社会主义法制建设的总方针和基本任务。1982年12月4日《宪法》颁布，将必须遵守宪法和法律，作为一切国家机关和社会主体的行为准则写入宪法。这在国家根本大法层面上确立了依法行政的基本原则。1989年4月4日，《行政诉讼法》颁布实施，我国正式确立了行政诉讼制度，将行政行为纳入司法监督。行政法是"控权法"开始在我国行政法学界成为主流思想。

（二）发展阶段（1989—1996年）

依法行政不仅要求事后有救济，更重要的是在行为作出时要有约束。这首先体现在行政处罚领域，行政处罚作为我国数量较多的行政行为，对其进行规范势在必行，1996年《行政处罚法》应运而生，在具体条文中对行政处罚的设定权、实施主体和处罚程序等方面都作出了严格规定，将行政机关作出行政处罚的行为纳入严密的法律规范中，通过对行政行为的规范，促进依法行政的实现，理论界普遍将其视为我国依法行政到达一个新水平的标志。在这一阶段，依法行政的理念逐渐被确立。一是1993年第八届全国人大一次会议通过的《1993年政府工作报告》明确指出："各级政府都要依法行政，严格依法办事。一切公职人员都要带头学法懂法，做执法守法的模范。"二是1993年党的十四届三中全会通过的《中共中央关于建立社会主义市场经济体制若干问题的决定》明确提出："各级政府机关都要依法行政、依法办事。"三是1996年江泽民同志在中共中央举办的中央领导法制讲座上曾指出，"干部依法决策、依法行政是依法治国的重要环节。"①

（三）全面推进阶段（1996—2012年）

随着我国行政法制的完善，在规范行政行为领域，逐步有了行政处罚、行政强制、行政许可三大基本法律，在行政监督领域，也搭建起了行政诉讼、行政复议、国家赔偿的基本框架。依法行政理念在这一阶段得到全面发展，党和政府的工作报告和文件也越发频繁地提到"依法行政"。1997年9月，党的十五大报告郑重提出："一切政府机关都必须依法行政。"1999年第九届全国人民代表大会第二次会议通过《宪法修正案》，将"实行依法治国，建设社会主义法治国家"写入《宪法》。2004年3月22日，国务院印发了《全面推进依法行政实施纲要》，确定了建设法治政府的目标，明确了今后十年全面推进依法行政的指导思想、具体目标、基本原则、要求以及重要任务和措施，是建设法治政府的纲领性文件。2014年党的十八届四中全会作出《中共中央关于全面推进依法治国若干重大问题的决定》，作为全面推进依法治国的纲领性行动指南，该决定第三部分专门论述了"深入推进依法行政，加快建设法治政府"，为依法行政提出了更明确的指引。

三、新时代下依法行政的发展历程

党的十九大报告进一步指明，"经过长期努力，中国特色社会主义进

---

① 江泽民：《江泽民文选》（第一卷），人民出版社2006年版，第512页。

入了新时代,这是我国发展新的历史方位"。本书将新时代下依法行政的发展历程作为一个专门部分进行论述。

依法行政作为"依法治国、依法执政、依法行政"一体推进整体格局中的主体工程和前沿阵地,被赋予"率先取得突破"的历史重任。党的十九大报告把法治政府基本建成作为2035年基本实现社会主义现代化的重要目标之一,明确提出"建设法治政府,推进依法行政,严格规范公正文明执法"。《法治政府建设实施纲要(2021—2025年)》再次明确"把法治政府建设放在党和国家事业发展全局中统筹谋划",同时从新的时代背景出发,指明了要更加进一步地、更加深入地推进依法行政,明确要求从多个新的层面加快法治政府建设。党的二十大报告更是从多个角度、多个方面全面部署依法行政工作,报告中指出"坚持全面依法治国,推进法治中国建设",并将法治政府建设作为全面依法治国的重点任务和主体工程,对"扎实推进依法行政"提出新的更高要求,为新时代法治政府建设指明了前进方向。依法行政的理念在新时代得到更加深刻的阐释与发展,也为我们进一步研究依法行政及行政违法行为检察监督提供了理论指引。

第二节 依法行政的原则、要求及标准

依法行政是现代国家推进社会治理的重要形式,依法行政建设的程度,最直接地体现法治国家的建设水平。依法行政需要遵守哪些原则,怎样才是依法行政,依法行政的评价标准有哪些等都是我们需要进行进一步探讨和研究的。

一、依法行政的原则

依法行政的原则在法学理论中体现学者们对行政法基本原则的探讨。如20世纪80年代,罗豪才教授将行政法的基本原则概括为行政法治原则,

并将其具体分解为行政合法性原则和行政合理性原则。① 到了 90 年代末，这一体系进一步完善，有学者提出了新的归纳和概括。应松年教授将行政法的基本原则概括为依法行政原则、行政合理性原则、程序正当原则、诚信原则、高效便民原则、监督和救济原则；② 姜明安教授则概括为实体性原则（包括依法行政、尊重和保障人权、越权无效、信赖保护和比例原则）和程序性原则（包括正当程序、行政公开、行政公正和行政公平原则）。③ 由此可以看出，依法行政一直作为行政法的核心原则，起到统摄其他原则的作用，而依法行政本身的核心原则又可归纳为法律优位原则和法律保留原则。

（一）法律优位原则

法律优位，是指法律有着至高无上的地位，这也是从依法行政的本身含义衍生出来的最重要内容。法律优位可以从两个层面进行理解，一是行政机关在行使行政权力时，不论在何种情况下，都应当受到现行有效的法律的拘束，不得有违反法律规定的相关行为。当然，其中所指的"法律"，也应按照《立法法》的规定，有相应的位阶和制定程序。二是在与其他事物相较的情况下，法律具有天然的优势地位，其他规定如果与法律相冲突，在进行评判时，法律具有最终的决定效力。由此可以看出，法律优位主要是从"不得违反"的消极方面，对依法行政进行诠释，在行政活动中，法律相较行政行为本身，具有上位的统摄作用。

（二）法律保留原则

法律优位原则从法律的效力方面强调法律的重要性；法律保留原则则

---

① 参见罗豪才主编：《行政法学》，中国政法大学出版社 1989 年版，第 35 页。
② 参见《行政法与行政诉讼法学》编写组：《行政法与行政诉讼法学》，高等教育出版社 2017 年版，第 36～52 页。
③ 参见姜明安主编：《行政法与行政诉讼法》（第 6 版），北京大学出版社 2015 年版，第 66～81 页。

从法律内容的重要性方面凸显法律的重要性,规定行政机关的行为,要有明确的法律规定进行授权,法律如果对某一行为没有作出明确规定,行政机关就不得作为,否则将构成没有法律依据的行政违法。换言之,如果法律规定行政机关应当为某一行为,行政机关不作为,也将构成不作为的行政违法。相对保留,是指在特殊情况下,法律可将由其保留的某些事项授权给行政机关规定。[①] 关于绝对保留和相对保留事项,我国《宪法》和法律已作出相关规定,如《立法法》第 8 条规定了 11 个只能由法律规定的事项,并且在第 9 条中进一步规定,有关犯罪和刑罚、对公民政治权利的剥夺和限制人身自由的强制措施和处罚、司法制度等事项不得授权行政机关规定,属于绝对保留;其他事项尚未制定法律的,全国人民代表大会及其常务委员会有权作出决定,授权国务院根据实际需要先制定行政法规,属于相对保留。

二、依法行政的要求

依法行政的要求反映了人民群众对法治政府建设的期待,随着经济社会的发展,要求也在不断地补充和完善。从党和国家发布的规划、纲要中,我们可以总结出依法行政的要求。

(一)《全面推进依法行政实施纲要》的相关规定

2004 年 3 月 22 日,《全面推进依法行政实施纲要》由国务院正式发布。该纲要对依法行政提出了六项基本要求,分别为合法行政、合理行政、程序正当、高效便民、诚实守信、权责统一。

1. 合法行政。合法行政排在依法行政各项要求的首位,其重要性不言而喻。如果法律、法规、规章没有规定,行政机关就不能够作出相关行政行为。这一要求在实践中运用得最广泛,在行政相对人主张行政行为违法

---

① 参见杜文强、郭向丽:《论行政法治原则》,载《广西教育学院学报》2009 年第 2 期。

或无效时，最常罗列的原因就是行政行为没有法律依据，而法院对一个行政行为进行审查时，也最先审查其依据是否充分。

2. 合理行政。合理行政，是在合法性要求下更高层次的要求，主要包含：一是坚持平等原则，对待每一位行政管理相对人都一视同仁，不包含私人感情和因素；二是坚持合目的性原则，在行使自由裁量权时，除了要达成法律目的的必要要素，不考虑不相关的因素；三是坚持比例原则，为达成行政管理目标所采取的措施和手段，应当是必要且适当的，不应过分运用行政管理权；四是坚持最大限度地保护当事人合法权益原则，在有多种方式能够实现行政管理目标时，应当选择其中最能够保护当事人合法权益的方式。

3. 程序正当。依法行政，除了追求实体的公平正义，同样应当保障程序的合法正当。程序正当又可以细分为：一是行政机关在实施行政管理行为时应当公开，除非因涉及国家秘密、商业秘密、个人隐私等，根据法律规定不得公开；二是要严格遵循法律为行政行为设置的程序，特别是与公民知情权、参与权、陈述申辩权、救济权等密切相关的程序；三是要保障行政管理活动的程序公正，如严格执行回避程序，确保不因人为因素影响案件的公正、公平。

4. 高效便民。"迟到的正义非正义"，行政管理对时效性的要求更为迫切。作为行政活动的主导者，行政机关的行政行为应当体现这种时效性的要求。一方面，具体的行政行为都应当有法定的时限，即最长期限的规定；另一方面，在法定时限内，行政机关还应从便利角度出发，积极履责，提高办事效率。随着经济社会高速发展，高效便民原则作为构建服务型政府的重要内容，受到越来越多的重视，如现在普遍推行的"一个窗口对外"、一站式服务等，都是落实这一原则的具体体现。

5. 诚实守信。作为国家的代表，行政机关应当对自己公布信息的真实性负责，对公众由此产生的信赖利益进行保护。一方面，行政机关应当及时向社会公布信息，并且保证公布信息的全面、准确和稳定，不得随意撤销和变更已经生效的行政决定。另一方面，要保护已产生的信赖利益，如果需要撤销或变更已经生效的行政决定，必须经过法定程序，具有法定事由，如因国家利益或社会公共利益需要等，同时应当对这一改变给行为相对人造成的财产损失予以补偿。

6. 权责统一。有权必有责，权责相统一，既可以说是依法行政的要求，也是政府作为一方主体，在法治社会的建构中应当受到的约束。一个有权无责的政府，将是一个不受控制的政府，依法行政则无从谈起；一个有责无权的政府，丧失了进行行政和管理事务的基础，依法行政亦无从谈起。故要促进依法行政，权责统一是不可或缺的要求之一。

(二)《法治社会建设实施纲要（2020—2025年）》的相关规定

2020年12月，中共中央印发了《法治社会建设实施纲要（2020—2025年）》。在推进政府规范行政行为方面，该纲要从保障行政执法相对人合法权益的角度出发，提出要进一步规范行政执法行为，完善行政执法程序、改进行政执法方式等多方面的要求。

一要建立人民群众监督评价机制，引导人民群众在社会重点领域充分发挥监督评价的重要作用，以实现执法力度和执法效果的双提高。二要建立健全产权保护统筹协调工作机制，综合开展产权保护的专项治理、信用示范工作，提高产权保护在政务诚信和营商环境建设中的占比作用。三要推进政府信息公开建设，对依法应当公开的行政规范性文件及行政决定等，一律予以公开，并加强相关网站及其他平台的建设，便于群众获取已公开的政府信息。

(三)《法治中国建设规划（2020—2025年）》的相关规定

2021年1月，中共中央正式发布了《法治中国建设规划（2020—2025年）》。该规划是新时代下我国推进法治建设的又一部战略性文件，全文从九个大方面、三十项细化措施，对我国全面做好法治中国建设进行了部署，既有任务书，又有时间表、路线图，是我们在推进建设社会主义法治国家总目标过程中的重要遵循。因此，依法行政作为建设社会主义法治国家的重要组成部分，应在该规划的总体蓝图下推进。

（四）《法治政府建设实施纲要（2021—2025年）》的相关规定

2021年8月11日，中共中央、国务院印发《法治政府建设实施纲要（2021—2025年）》，对法治政府建设践行人民立场的要求更严、举措更实。在法治政府的目标设定上，"人民满意"是新增加的建设标准，充分彰显了新发展阶段法治政府建设的人民性。[①] 其中，对于行政执法活动，该纲要特别强调"努力让人民群众在每一个执法行为中都能看到风清气正、从每一项执法决定中都能感受到公平正义"，充分体现了新时代对行政执法活动的新要求。

三、依法行政的评价标准

改革开放以来，在一段时间内"以经济建设为中心"一直作为政府工作的重心，政府绩效评估中经济GDP（Gross Domestic Product，国内生产总值）占有重要地位，各级政府都将为经济建设服务作为首要任务，这在一定程度上对司法机关的活动也产生了影响。过于强调经济建设，导致在社会发展的过程中对社会、人文、环境、法治等其他方面的关注失衡，引发了不少社会问题。如有的地方政府为了经济发展和招商引资，忽视了法治建设工作，较为典型的是在房屋征收领域，因为违法拆迁而引发的暴力性事件在早期频发，还有因为环境保护不力而引发的雾霾、沙尘暴、蓝藻等环境污染事件。在新时代下，"法治GDP"指标应被纳入政府绩效评估，并且应当在整体考核中占据较大的比例，以此逐步构建起依法行政的评价标准，在强调经济建设的同时，同步促进法治建设的有序开展，使经济与法治能够相互衔接、相互支撑、相互促进。

[①] 参见章志远：《新发展阶段法治政府建设的时代特色——〈法治政府建设实施纲要（2021—2025年）〉法理解读》，载《法治研究》2021年第5期。

（一）依法行政评价标准的价值要求

价值要求体现的是对事物发展的一种内在要求。构建依法行政的评价标准，是在整合法治政府内在要求的情况下，形成的一套常规性的指标，从而实现对依法行政定性、定量的评价从目的来说，评价标准是为了更客观地描绘法治政府的建设现状，找到实践与目标之间的差距，从而促进政府更好地推进法治建设。因此，作为法治政府建设状况的评价指标，法治政府建设的内在要求应当被纳入其中，而《全面推进依法行政实施纲要》作为我国推进依法行政过程中的纲领性文件，对法治政府建设的内在要求已有明确的表述，可以概括为"公开、公平、公正、便民、高效、诚信、责任"。笔者认为，追求公开、公平、公正、便民、高效、诚信、责任是党和国家对依法行政提出的内在要求，这种内在要求在我们构建依法行政的评价标准时，应当将其作为价值要求予以明确。

（二）依法行政评价标准的目标要求

目标要求体现的是对事物发展所要达到状态的描述。在构建依法行政的评价标准时，不可忽视推进依法行政、建设法治政府的目标是什么，是在何种框架状态下推进和实践。换句话说，依法行政评价标准的目标，就是我们设置这些评价标准，并且定期开展对评价标准落实情况的考察，所期望达到或者实现的依法行政和政府法治建设的一种状态。党的二十大报告指出，新时代新征程，中国共产党的中心任务就是团结带领全国各族人民全面建成社会主义现代化强国、实现第二个百年奋斗目标，以中国式现代化全面推进中华民族伟大复兴。因此，推进依法行政、建设法治政府，必须以全面建成社会主义现代化强国、实现中华民族伟大复兴为最终目标。在实现这一最终目标过程中，还面临着机构、职能、权限、程序、职责等方面不健全、行政效率和公信力不高等问题，这些问题的存在，不仅影响政府法治建设，也不利于现代化强国的建成，需要重点解决。

（三）依法行政评价标准的法治要求

法治要求最直观地体现在《行政诉讼法》和《行政复议法》两部法律中，这两部法律各有侧重：一部强调司法评价，是法院、检察院等司法机关评价行政行为的依据；一部强调内部评价，是行政复议行政机关对行政行为进行内部评价的依据。《行政诉讼法》中依法行政的评价要求体现在以下三个方面：一是在确立举证责任时，立足司法审查，不同于民事诉讼实行的"谁主张，谁举证"，要求由行政机关承担证明其行政行为合法的举证责任，即由行政机关提供其作出行政行为时所依据的证据和规范性文件。二是以驳回原告诉讼请求的判决形式，从正面回应依法行政的要求。只有同时满足证据确凿，适用法律法规正确，符合法定程序这三个条件时，一个行政行为在行政诉讼中才能被评价为一个合法的行政行为，法院通过驳回当事人诉讼请求的方式，实现对该行政行为的司法维持，由此我们也就可以将"证据确凿，适用法律法规正确，符合法定程序"作为评价依法行政的正向法治标准。三是以撤销判决和重作的判决形式，从反面回应依法行政的要求。行政行为具有下列情形之一的，都将被判定为不合法的行政行为：（1）主要证据不足的；（2）适用法律法规错误的；（3）违反法定程序的；（4）超越职权的；（5）滥用职权的；（6）明显不当的。因此上述六种情形也是评价依法行政的反向法治标准。

《行政复议法》自1999年颁布，2023年进行了修订，在此次修订中，着重强调要充分发挥行政复议这一监督程序对行政执法活动的制约和完善作用。在一定程度上，行政复议与行政诉讼具有类似性，因此从总体评价标准来说，二者无显著区别，但在具体监督方式上，行政复议增强了对变更决定的应用，使行政复议在纠正违法行政行为方面更具效率性，在具体评价标准上考察内容也更加细化。具体来说，行政行为如果本身事实清楚、证据确凿，只是在最终内容方面有不适当或者没有正确适用法律法规依据，复议机关要直接对不适当、不正确的内容进行变更，以使该行政行为完全满足合法性要件；同时，即使行政行为事实不清、证据不足，但经复议程序，复议机关能够查清，也应当直接对原行为进行变更。

第三节 依法行政面临的问题及实现路径

随着依法行政理念不断发展与完善，依法行政的内核已逐渐凝练出来，对于何为依法行政，逐步总结出来了依法行政的基本原则、依法行政的标准，更加具象化了依法行政的相关内容，描摹出依法行政下的行政行为蓝图。在明确了依法行政的原则、要求和标准后，可以更加深刻地认识到依法行政对于社会主义法治国家建设所具有的重要意义，但同时，我们也注意到，依法行政在具体推进过程中，还面临着不少问题，需要从观念意识、制度链条、监督体系、能力建设等层面，推进我国依法行政深入向前。

一、当前依法行政面临的问题

本书立足J省L市2021年以来办理的行政检察监督案件，将当前依法行政面临的问题总结为以下三点：

一是程序违法及瑕疵问题较为突出。随着城市的快速发展，征收拆迁引发的矛盾日益突出，在L市检察机关近三年来受理的行政裁判结果监督类案件中，征收及强拆类案件及其引起的行政赔偿案件占总体受案数的32.69%，其中行政机关因强拆程序违法被法院确认违法的案件占47.05%。在进行房屋征收时，应当按照先给予补偿、再进行搬迁的顺序进行，如强制拆除需履行催告、听取陈述、申辩、公告等法定程序，但实践中还存在未与被征收人签订补偿协议、后续也未作出补偿决定就对房屋进行强制拆除，或在强制拆除过程中未进行催告、公告等现象，进而引发矛盾纠纷，破坏政府依法行政形象。例如，在某街道办事处与某包装有限公司强制拆除案中，该街道办事处为尽快完成上级督办的任务，未依法保障涉案公司的陈述、申辩权利，未履行公告告知义务便实施强拆行为，严重违背程序正当原则。法院依法判决确认某街道办事处强拆行为违法，并判决其依法赔偿某包装有限公司的相关损失。

二是调查取证不到位，严重影响行政执法公信力。认定案件事实缺乏证据支撑是导致行政机关作出具体行政行为产生争议的重要原因。如在某区民政局与张某某撤销婚姻登记纠纷案中，某区民政局未依法要求婚姻登记人王某某提供户口信息，仅凭村委会证明认定其身份，致使王某某冒用他人信息进行婚姻登记，侵犯了婚姻另一方及被冒名者的合法权益。又如，在稽某某与某县住建局房屋征收补偿决定纠纷案中，原始明细表显示被征收人为金某1、金某2，县住建局在没有证据证明被征收人对明细表载明的所有权人提出异议及其他被征收房屋权属有误的情况下，认定房屋属于金某1、江某某所有，并与其签订《房屋征收补偿协议》，依据不足，导致征收协议被撤销，损害了房屋征收行为的公平、公正。

三是超越或不履行法定职责时有发生。法定职责是法律规定的行政机关应当履行的职责，在行政执法过程中，部分行政机关不积极履行职责，消极作为或不作为，或者超越职责权限，使国家和社会公共利益、公民个人利益受到侵害。主要表现为对当事人的申请事项，以口头答复代替书面答复，或者不答复；对职权范围认识不清，行使了无权行使的职能。如某区住建局在收到张某某政府信息公开申请后，未在法定期限内答复，怠于履行政府信息公开义务，损害了张某某的合法权益，法院判决确认某区住建局未在法定期限内答复张某某的行为违法。又如，在某有限公司诉某县政府不履行法定职责案中，因该公司非法捕捞红虫，某县农业农村局对捕捞船舶予以扣押后未在法定期限内做出处理决定，该公司认为上述行为侵害了其权益，遂通过行政复议程序向该县政府提出申请。该县行政复议中心收到申请后，既未书面告知该公司不予受理复议申请，亦未在法定期限内做出行政复议决定，后被法院判决在法定期限内履行行政复议职责。

二、依法行政存在问题的原因分析

一是依法行政的意识还有待加强。部分行政执法部门和行政执法人员，对法律法规的学习还不够深入，在办案期限、办案程序方面未做好梳理和衔接，出现了不履职或违规履职情形。在实践中，重实体、轻程序的情况仍有发生，如在行政处罚案件中，部分行政执法部门对案情复杂或者重大行政违法行为，出于内部程序复杂及行政效率的考虑，搁置行政机关集体讨论程序，在没有经过集体讨论环节的情况下，就作出行政处罚决定。

二是依法行政的制度还不够健全。随着国家社会的不断发展，网络媒体日益发达，人们对相同行政行为获得相同裁量结果的需求日益增加，行政自由裁量权必须受到进一步规范。然而，为保证行政行为公平、公正的特定程序尚不完善，对依法行政的促进作用就未能充分发挥。

三是监督制约体系还不够完善。目前，行政机关内部监督、司法监督、人大监督、纪检监察监督及社会监督等，是从不同角度构建的对行政执法的监督方式，但各监督方式之间还未形成合力，导致整体上对行政执法监督力度还略显不足。

四是行政执法能力和水平还有待提升。行政执法人员特别是新到岗的行政执法人员，办案专业能力和群众工作能力还不足。从行政复议程序中作出变更或撤销决定的案件以及行政诉讼中行政机关败诉的案件来看，街镇层面的执法规范问题较为突出。在2021年新修订的《行政处罚法》将行政处罚权下放后，该问题进一步凸显，基层执法队伍及执法人员的业务水平和执法能力急需提升。

三、依法行政实现路径的构建

（一）增强依法行政的观念意识

思想是行为的先导，作为行政执法者，必须牢固树立依法行政的观念，不断增强依法行政的意识。具体来说，就是要不断用中国特色社会主义法治理念武装头脑，牢固树立以下三个观念：

一是宪法法律至上的观念。宪法法律至上，不仅是依法行政的要求，也是每位公民、法人、社会组织的行为准则。因此，在增强依法行政意识的过程中，第一位的，就是要树立宪法法律至上的观念，只有这样，才能真正做到依法行政。

二是依据行政程序的观念。行政程序是保障行政行为公平、正义的框架，依法行政就是要树立程序观念，也就是要做到在行政执法中遵循法定的方式、步骤、顺序、时限等行政程序的要求，防止行政程序缺失导致不良法律后果。

三是职权法定和权责统一的观念。这一观念是对依法行政要求的高度浓缩，包括执法事项需恪守职权法定原则，对于行政机关实施的执法行为，应在明确授权和职权清单范围内进行，不得越权行政、越权执法；同时通过完善行政执法公示工作，建立行政执法投诉制度，健全行政执法过错责任追究制度，将用权受监督、违法受追究的观念贯穿始终。

（二）建立依法行政的制度链条

权力具有恣意性，这是权力本身属性所决定的。人类社会的发展，伴随着对权力的约束，也是在不断探寻更加有效的权力制约方式。要想控制和防止权力行使的恣意性，为其划定规范的框架，就需要构建依法行政的制度链条。

依法行政的制度链条是对行政机关作出行政行为能够进行有效制约的制度规定。良好的制度规定可以在最大限度上保证结果良好。比如，我国2021年修订《行政处罚法》时，对行政执法实践中形成的三项制度予以固定。概括起来，可以总结为以下三项制度：

一是行政执法公示制度。要求对行政执法活动，将由哪个机关来具体实施、依据哪部法律法规、按照怎样的程序来实施，以及如果对该执法行为不服，应当通过怎样的渠道进行救济等信息，都公示，并且要通过人民群众方便获得的形式予以公示。

二是行政执法全过程记录制度。要求对行政执法活动，从其启动开始，每一个具体环节，如调查取证、审核、集体讨论，到决定的作出、送达，以及最后的执行，都依法记录下来，并归档保存。这种记录方式，根据具体环节的不同，可以是文字的，也可以是音像、视频等符合法律法规要求的保存形式。

三是重大执法决定法制审核制度。重大行政决定本身涉及重要的利益，行为的影响力不同于一般行政行为，因此对重大执法决定的要求，也应有不同于一般行政执法行为之处。要求对行政执法活动，涉及重大公共利益或者直接对当事人、第三人的重大权益产生影响的，以及有疑难复杂、涉及多个法律关系等情况的，在作出具体的行政决定之前，应当将该行政执法决定提交给专门的法制审核人员，由专门人员对该决定是否符合法律规定进行审核。法制审核程序是重大行政执法决定的必经程序，如果没有提交进行法制审核或者经过审核没有通过，行政决定不得作出，由此增加行政决定的合法性，避免决定的恣意性。

(三) 完善依法行政的监督体系

社会治理在很大程度上是政府之治，完善的社会治理体系离不开行政权。然而，行政权具有扩张的天性，需要制约与监督。实现依法行政，不仅要从行政执法内部制度进行完善，还要发挥监督体系的作用。目前，我国的监督体系，根据监督主体不同，可以分为党的监督、人民群众的监督、司法监督、行政执法体系内部监督等。各种监督各有侧重，共同构成了我国对行政执法的监督体系。

一是加强党对依法行政工作的领导。党的领导是我国一切工作的根本保证，依法行政、建设法治政府工作也必然要在党的领导下进行。在我国，领导干部绝大多数都是共产党员，构成了代表人民行使行政权力的中坚力量，发挥了党总揽全局、协调各方的作用，将依法行政和法治政府建设始终纳入党的领导之下。加强党对依法行政的监督，重点应加强顶层设计，进行总揽性、全局性的引导和监督。如进一步完善考核制度，在政府绩效考核工作中，纳入法制考核因素，将贯彻落实依法行政情况作为一项重要内容，并进一步完善党内监督与其他监督模式的衔接机制，形成监督合力。

二是发挥人民群众对行政权力的监督。习近平总书记指出："人民是历史的创造者，群众是真正的英雄。人民群众是我们力量的源泉。"[①] 人民群众作为行政权行使的直接对象，其对行政权行使的合法性、规范性感触最深，有着对行政权进行监督的先天优势，这项权利也是我国《宪法》明确赋予的。让人民群众更好地监督行政机关及其工作人员行使权力，首先应当畅通反映问题的渠道，加强接收问题平台的建设；其次应加强政府信息公开，能公开尽公开，为人民群众行使监督权创造有利条件。

三是强化司法机关对行政权力的监督。人民法院通过行政诉讼开展对行政行为的监督，是确立行政诉讼制度的目的之一，在此不再赘述。检察机关对行政行为的监督，在传统的行政诉讼监督以外，近年来逐渐发展起来。首先，2015 年 7 月起，全国人大常委会授权开展公益诉讼工作试点。在《人民检察院组织法》《检察官法》进行修订时，也将提起公益诉讼的职权写入其中。其中，行政公益诉讼以其独特的诉前检察建议加提起公益诉讼的制度设计，对行政机关怠于履职或违法履职造成公共利益损害的行为，进行强有力的监督，成为促进依法行政的重要力量之一。其次，行政违法行为监督的持续探索。2014 年 10 月，党的十八届四中全会通过的《中共中央关于全面推进依法治国若干重大问题的决定》提出，"检察机关在履行职责中发现行政机关违法行使职权或者不行使职权的行为，应该督促其纠正"。2021 年，《中共中央关于加强新时代检察机关法律监督工作

---

① 习近平：《论把握新发展阶段、贯彻新发展理念、构建新发展格局》，中央文献出版社 2021 年版，第 23 页。

的意见》提出，"全面深化行政检察监督……在履行法律监督职责中发现行政机关违法行使职权或者不行使职权的，可以依照法律规定制发检察建议等督促其纠正"。最高人民检察院党组高度重视行政检察工作，提出要"做实行政检察"，并指出"行政检察重在强化履职，实现有力监督"。最高人民检察院检察长应勇强调，"行政检察站位要高、视野要宽，方向要明确、路子要走稳。"[1] 要从政治制度、国家治理层面，从加强对公权力的监督、促进法治政府建设的角度，认识和加强行政检察工作。目前，行政检察已基本形成坚持诉讼内监督和诉讼外监督"双轮"驱动，以行政诉讼监督为重心，以行刑反向衔接和行政违法行为监督为新的增长点，上下级各有侧重、上下联动、全面履职的工作格局，[2] 行政违法行为监督将进一步发挥对依法行政的促进作用。

四是健全行政执法内部监督工作体制机制。行政复议是目前行政执法体系内部监督的最主要形式，在《行政复议法》修改后，行政复议职责统一由县级以上地方人民政府行使，具体由司法行政部门实施。为更好地发挥行政复议监督行政执法的作用，需要进一步加强行政复议的资源配置、办案机制和能力建设。如在资源配置方面，在相对集中行政复议管辖权后，应当及时将机构关系理顺，实现一个口子收申请，让人民群众"找得准、少跑腿"；在办案机制方面，发挥行政复议委员会专业咨询的作用，探索行政复议繁简分流办案模式，在案件量增加的基础上保证办案效率和质量；在能力建设方面，调配更多具有专业能力和工作经验的人参加行政复议工作，增加办案力量，完善行政复议员管理制度。

（四）加强依法行政的能力建设

"徒法不足以自行"，任何良好的制度，最终都将由执行它的人去实

---

[1] 《高质效推进新时代行政检察工作》，载《检察日报》2024年4月15日，第1版。
[2] 参见张相军：《赓续检察红色基因擦亮行政检察与民同行底色》，载《中国检察官》2022年第13期。

现。依法行政、建设法治国家目标的实现，离不开一支高素质的执法队伍。法治人才是中国特色社会主义法治实践的推动者，掌握国家重要权力，肩负重大历史使命。因此，要高度重视法治人才的培养，从思想到能力，从基础教育到专业技能，环环相扣，相辅相成，培养出一批信念坚定、能力突出、品德高尚的高素质法治人才及后备力量。

一是加强法治人才队伍的理想信念教育。坚定理想信念是新时代培养社会主义法治人才的重要内容，法治人才应深入学习贯彻习近平新时代中国特色社会主义思想，提高政治站位，增强政治定力，自觉将中国的具体国情与法治建设相结合，将社会主义核心价值观贯穿法治人才培养的各环节、全过程，不断增强法治人才对法治事业的认同和热爱。

二是推进法治人才队伍专业化、职业化建设。从法治工作的内容来看，多数都与立法、执法、司法或者法律服务、法学教育、法学研究等密不可分，不论从事哪一方面的具体工作，对法治工作者法律知识功底、法律运用技巧和社会实践经验都提出了较高的要求。法治工作是一项专业性极强的工作，所以法律职业的准入制度显得尤为必要，要建立更为实用的人才选拔机制，在队伍准入的时候把好关口，在源头时将高素质人才选拔进来。同时，为全方位推进法治人才专业化、职业化建设，应当实行更加积极、开放、有效的人才政策，增强不同法律职业从业者之间的互通交流，如选拔经验丰富的律师加入法官、检察官、行政执法人员队伍，以及法官、检察官和行政执法人员之间的互派挂职锻炼，以推动法治队伍的均衡发展。

三是完善法治人才培养机制。一方面，要发挥法学教育对法治人才培养输送的基础性作用，加强对目前法学教育的调查研究，全面分析当前法学教育与实践需求之间的错位、不匹配现象，将法学教育与法治实践挂钩，避免空中楼阁和象牙塔式教育。要健全司法执法部门和法学院校、法学研究机构人员的双向交流机制，让法学教育与我国法学实践紧密结合起来，让法学研究与法治实践问题同频共振，实现法学教育、法学研究对依法治国、建设法治国家的强有力支撑。另一方面,要加强业务培训和理论研究。通过对行政执法情况的实践调研,查找当前我国行政执法面临的短板、弱项,根据补足短板的需求,推进有针对性的业务培训。同时,各行政执法部门要加强对实践执法问题的理论研究,通过专项调研提升行政执法实践能力。

四、行政违法行为检察监督的价值分析

如上所述,在依法行政不断推进的过程中,行政行为的监督体系也在不断完善,且其作为一种有效促进依法行政的路径,越来越受到理论界和实务界的关注。其中,随着行政违法行为检察监督近年来的蓬勃发展,检察监督逐渐成为依法行政监督体系中的重要一环。分析其缘由,不难看出,这种发展是基于行政违法行为检察监督自身独特的价值,概括起来主要是以下三个方面。

一是行政违法行为检察监督具有独特的制度优势。目前,我国对行政行为的监督,从整体上看,包括党委人大的监督、法院的司法监督、行政机关内部监督、纪检监察部门的监督以及检察监督。与其他监督方式相比,检察监督具有独特的制度优势。党委人大的监督偏重宏观性,很少涉及具体行政行为;法院的司法监督,受"不告不理"原则及起诉期限、二审终审制度等制约,其监督具有一定的有限性和滞后性;行政机关内部监督,因监督机关与作出具体行政行为的机关具有的相关性,使监督的中立性略显不足;纪检监察监督,侧重对行政机关工作人员的监督,重点关注人员是否存在徇私枉法、滥用职权等情形,对具体行政行为本身关注不足。检察监督作为司法监督的一种,其中立性值得信赖,监督重点也主要围绕具体行政行为展开,并且检察监督相对灵活,在一定程度上可以弥补上述监督的不足。

二是行政违法行为检察监督具有便利的监督条件。行政检察作为与刑事检察、民事检察、公益诉讼检察并列的"四大检察"之一,具有"一手托两家"的职能特征，在行政检察工作开展过程中，可以通过审查行政生效裁判、行政执行等，"穿透式"对背后的行政行为进行监督，有效解决监督线索来源问题。如最高人民检察院下发了相关的工作意见。同时，近年来检察机关更加强调"四大检察"融合履职、一体履职，从而为行政违法行为检察监督提供更多的线索来源。

三是行政违法行为检察监督具有独特的监督方式。目前，在实践中开展行政违法行为检察监督工作，通常是通过制发检察建议的方式实现的。检察建议，相较法院的司法判决，形式上更加灵活；相较人大政协的事项提案，切入点更小，内容上更具有可操作性，可以说是较为适宜的一种监督方式。近年来，检察机关还探索通过专题工作报告、工作白皮书、年度报告等多种形式，为依法行政建言献策，有力地推动了法治政府、法治国家建设。

第二章 行政违法行为检察监督基本理论和实践意义

第一节 行政违法行为检察监督的概念与特征

一、行政违法行为检察监督的概念

行政违法行为检察监督作为一个综合法律概念，其内涵建构呈现出多维度的规范体系特征，具体体现为以下四个核心要素的整合：行政行为、行政违法行为、检察监督以及特定的行政违法行为监督。为深入理解这一整体概念，有必要对部分概念进行清晰的分析与界定。

（一）行政行为

行政行为作为公共治理领域中的一个核心概念，其本质在于行政主体在行使国家赋予的职权过程中，针对特定的或不特定的行政管理对象所实施的一系列具有法律约束力及效果的行为。这一复杂而多维的概念，蕴含着三个不可或缺的核心要素，它们共同构成了行政行为的基本框架与理论基石。

首先，行政行为的实施主体是首要要素，即必须为依法设立的行政主体。这些主体包括但不限于各级行政机关、法律法规明确授权的组织，以及在特定情境下由行政机关委托执行特定任务的组织。只有当行为主体具备相应的法律地位与权力时，其所作出的行为才能被视为国家意志的体现，进而产生法律效力。

其次，行政行为必须是行政主体在行使其法定职权、履行行政管理职能的过程中实施的。这意味着，行政行为并非随意而为，而是基于特定的法律授权，旨在实现特定的行政管理目标。这一特性强调了行政行为的目的性与功能性，即它应当服务于公共利益，维护社会秩序，促进经济发展，以及保障公民权利与自由。

最后，行政行为能够产生行政法律效果，这是区别于其他社会行为的关键所在。行政法律效果体现在，一旦行政行为作出，无论是针对特定个体的具体行政行为，还是面向不特定公众的抽象行政行为，都将对行政相对人的权利义务产生直接或间接的影响，甚至可能引发相应的法律责任。这种效果的存在，要求行政主体在作出行为时必须遵循法定程序，确保行为的合法性与合理性，以维护法律的公正与权威。

根据行政行为的对象是否特定、是否能够反复适用，行政行为可以进一步细分为抽象行政行为和具体行政行为两大类别。抽象行政行为，如行政法规、行政规章的制定，其特点在于针对不特定的对象，具有普遍约束力，且可反复适用。这类行为构成了行政法体系的重要组成部分，为具体行政行为的实施提供了法律依据与指导。

相比之下，具体行政行为则直接作用于特定的行政相对人，其形式多样，包括但不限于行政许可、行政处罚、行政强制措施、行政强制执行、行政确认、行政合同、行政给付、行政征收以及行政裁决等。每一种具体行政行为都承载着特定的行政管理目的，体现了行政主体在不同情境下的权力运用与责任担当。

以行政许可为例，法律通常对特定活动或行为设有一般性禁止规定。既然如此，行政主体就会依据相对人的申请，赋予相对人以从事特定活动或行为的权利和资格，通过发放执照、许可证等方式解除禁令。这一过程不仅体现了法律的严谨性，也彰显了行政主体在促进经济社会发展与保护公共利益之间的平衡艺术。行政许可的类型多样，如特许、普通许可、认可、核准、登记等，每种类型都有其特定的适用条件与程序要求。

行政处罚作为对违反行政管理秩序行为的惩戒手段，其构成要件包括行政性、外部性、违法性和惩戒性，旨在通过警告、罚款、没收违法所得、暂扣或吊销许可证件、限制生产经营活动、行政拘留等方式，维护行政管理秩序，保护公共利益。

行政强制措施与行政强制执行，则是行政机关在特定情况下，为制止违法行为、防止证据损毁、避免危害发生或确保行政决定得到执行，对公民的人身自由或财物采取的暂时性限制或控制措施。这两类行为虽目的不同，但都体现了行政权力的强制性与预防性，是行政管理中不可或缺的手段。

行政确认、行政合同、行政给付与行政征收，则分别从不同角度展现了行政主体在确认法律事实、促进合作、提供物质帮助与征用资源方面的职能与作用。它们既体现了行政法的服务精神，也反映了行政主体在复杂社会环境中灵活应对、高效治理的能力。

至于行政裁决，作为行政主体对与行政管理活动密切相关的民事、经济纠纷进行裁决的行为，它兼具准司法性与强制性，是行政主体在法治框架内，运用专业知识与技能，解决社会矛盾，维护社会稳定的重要途径。

综上所述，通过对行政行为及其各具体形态的深入剖析，我们不仅能更全面地理解行政行为的内涵与外延，还能深刻认识到其在行政管理中的核心作用。行政行为不仅是国家意志的体现，更是连接政府与公民、促进社会和谐与发展的重要桥梁。因此，加强行政行为的理论研究与实践探索，对于提升行政效能、保障公民权利、推进法治国家建设具有重要意义。

（二）行政违法行为

行政违法行为是指行政机关及其工作人员在实施行政行为过程中，违反相关行政法律规范，对社会和国家造成一定的危害，已经损害了国家利益，尚未构成犯罪的行为。[①] 从行政行为是否合法的角度看，可以将行政行为分为合法行政行为和违法行政行为，根据我国《行政诉讼法》第69条和第70条的规定，合法行政行为是指事实清楚、证据确凿、适用法律法规正确、符合法定程序的行政行为。违法行政行为涵盖以下情形：行政行为所依据的主要证据不充分；在适用法律法规方面出现错误；违反既定的法定程序；行政主体超越自身权限范围行事；行政权力被滥用；行政行为在合理性上存在明显欠缺，表现出明显不当。

另外，行政违法行为的范畴还包括行政不作为的情况。目前，我国学界对于行政不作为主要有四种观点：第一种观点是行政相对人依法提交申请，行政机关有能力履行而不履行或拖延履行的行为；第二种观点是把行政机关未履行法定职责的行为直接被定义为行政不作为；第三种观点是行政机关有作为的法定义务，然而在程序上出现不作为的消极状态；第四种观点认为，行政机关在内容或方式上承担积极作为的义务，实际上处于不作为状态。虽然学界对行政不作为的概念界定尚未形成统一意见，但综合相关学术观点以及我国《行政诉讼法》第74条的规定，对行政不作为进行了简要概括：行政主体存在未履行或拖延履行法定职责的情况。

从整体情况出发，行政违法行为主要指行政主体在履行行政职权时，做出的违背行政法律规范的行为。这类行为主要涵盖两大方面：一是违法行使职权，也就是通常所说的"乱作为"；二是行政不作为。违法行使职权的表现形式有很多种情况，包括行政处理依据不充分、适用法律错误、违反既定的法定程序、超越自身法定职权范围、滥用行政权力，以及行政行为在合理性上存在明显瑕疵，表现出明显不当。至于行政不作为，其核心特征是行政主体对法定职责不履行或拖延履行。

至于行政违法行为是否包括抽象违法行为，从检察监督的实践来看，

---

① 参见马一鸣：《行政违法行为检察监督的若干思考》，载《山西省政法管理干部学院学报》2024年第3期。

当前并未涉及抽象行政违法行为的监督。然而，从理论逻辑剖析，检察监督的法律监督权能要实现完整呈现，对抽象行政行为开展法律监督不可或缺。一旦缺失这一环节，法律监督权能便难以达成全面、系统的彰显。检察机关作为《宪法》赋予职责的法律监督机关，理应拥有对抽象行政行为的监督权，因为全国人大常委会具有合宪性审查权，最高人民检察院也可以在职权范围内，对需要进行合宪性审查的问题进行初步审查或提出意见。不仅如此，现实中大量具体行政违法行为，追根溯源是因为执行了违法的抽象行政行为。所以，对抽象行政行为放任不管、不予监督，从法理层面看，无法给出合理依据；在逻辑推演上，也会漏洞频出，难以形成闭环。抽象行政行为监督这一领域，蕴藏着丰富的研究价值，急待我们深入挖掘与探讨。

（三）行政违法行为检察监督

行政违法行为检察监督系指检察机关根据法律赋予的权限与既定程序，对违法行为进行检察、督促并予以纠正，以确保法律得以统一且正确实施的一项专门性活动。[①] 这一活动体现了检察机关在维护法治统一方面的作用。检察监督机制，即检察机关监督职能的协同运作模式，涵盖了检察监督所蕴含的各类权能、采取的方式与手段之间的相互联系与协同作用，共同构成了一个高效运作的系统。

具体而言，检察机关根据《宪法》的授权，严格遵循法定程序，始终保障法律的统一正确实施，这些行为被统称为检察监督。它是一种针对行政违法行为进行督促与纠正的法律活动，目的就是维护法律秩序。有学者对检察监督的概念作了进一步细化，主要含义为检察机关依法对国家机关、企事业单位、其他社会组织及公民个人的违法行为进行的程序性监督，意在维护法律实施的准确性与一致性。

---

① 参见孙谦主编：《中国特色社会主义检察制度》，中国检察出版社2009年版，第38~39页。

在此范围内，检察机关的诸多权能、监督手段和方式相互协调、共同作用，构成了检察监督的完整机制。作为专门的国家法律监督机关，检察机关在刑事犯罪处理、民事活动监督及行政执法检察等多个领域均享有监督权限。特别是在行政执法领域，韩成军认为，检察机关依据《宪法》或法律授权，不仅可依据当事人的申诉、控告，也可依职权主动进行监督，对具体行政行为及相关规范性文件等是否合法进行监督，[①] 这些活动具有独立地位并产生相应的法律效果，是检察监督在行政执法领域的具体体现。

在我国国家权力的结构中，行政权是影响范围最为广、最为活跃的国家权力，对社会运行、公民权利产生深刻的作用。检察权对行政权的监督成效如何，直接关系我国法治政府与法治国家建设的推进速度，影响极为关键。当前，我国行政检察大致可划分为三类：行政诉讼监督，非诉执行监督，行政判决、裁定执行监督以及行政违法行为监督。[②]

当前，我国检察体制改革持续推进，行政诉讼监督、行政公益诉讼等制度相继落地，在诉讼范畴内，对行政权的监督需求已初步得到满足。不过，一旦跳出诉讼场景，面向更为广阔的日常行政运作，针对行政权的监督短板便暴露无遗。这一状况与检察机关作为法律监督机关的职能定位存在落差，难以充分展现其应有的监督效能。鉴于此，行政违法行为检察监督的核心任务，就在于全力填补诉讼外监督的空白区域，力求构建起对行政权行使全流程、无死角的监督体系。值得关注的是，行政违法行为检察监督有一个极为突出的特点，那便是打破传统监督局限于诉讼领域的固有模式，将监督触手稳步伸向非诉讼领域。这一前沿理念已在学界引发强烈共鸣，并得到广泛认可，成为推动检察监督体系完善、助力法治政府建设的重要理论支撑。通过这一扩展，检察机关得以更全面地履行其法律监督职责，确保行政权的合法、正当行使。

---

① 参见韩成军：《依法治国视野下行政权的检察监督》，中国检察出版社2015年版，第42~43页。

② 参见谢鹏程主编：《行政执法检察监督论》，中国检察出版社2016年版，第1页。

综上，行政违法行为检察监督，是指检察机关在履行法律监督职能时，针对行政机关违法行使职权或怠于行使职权的行为，通过制发检察建议等措施，督促行政机关纠正其违法行政行为的过程，涉及领域包括诉讼领域与非诉领域。必须清晰认知，从严谨的法律术语界定而言，行政违法行为检察监督目前尚未被立法明确加以规定，更多的是以政策理论研究以及学术概念的形态存在。

检察机关在探索推行政违法行为检察监督权时，可从结果性、合法性和必要性这三个关键维度展开审查工作。结果性审查与传统《行政诉讼法》中的监督机制有所不同。由于检察监督并非行政机关开展工作时法定的必经流程，所以结果性审查重点落在行政违法行为发生后的监督环节，其目的在于避免检察权过度干预行政权的正常运行，力求在两者之间维持合理平衡。合法性审查堪称行政违法行为检察监督的关键核心。在此过程中，检察机关需要全方位考量行政行为的合法性，仔细核查行政机关履职是否严格依法依规，行为是否获得法律明确授权，决策流程是否符合正确法律程序。一旦发现行政行为存在超越法定权限、违反法律法规的情况，检察机关应当依法依规予以纠正，或者启动相应调查程序，确保行政行为在法治轨道内运行。必要性审查聚焦于行政行为的合理性与实施的必要性。检察机关需要评估行政机关采取的措施是否恰当且必要，思考是否存在更为合理有效的替代办法。这一审查维度意在综合衡量行政行为违法性给行政相对人权益、公共利益带来的实际影响，同时审视行政行为是否遵循比例原则，比如查看有无毫无合理依据的长期拘留、处罚力度过当等不合理情形，以此推动行政行为科学、适度开展。通过这三方面的综合审查，检察机关能够更有效地履行其对行政违法行为的监督职责。

二、行政违法行为检察监督的基本特征

（一）法定性

监督权力的法定性，主要是指行政违法行为检察监督的权力来源于国

家法律的明确规定。① 行政违法行为检察监督的本质是检察权对行政权的监督。根据我国《宪法》第 134 条和《人民检察院组织法》第 20 条的规定，检察机关享有法律监督权，有权对行政机关在实施法律法规过程中发生的行政违法行为进行检察监督。此外，随着《中共中央关于加强新时代检察机关法律监督工作的意见》《最高人民检察院关于推进行政执法与刑事司法衔接工作的规定》等文件的出台，也为开展行政违法行为检察监督提供了依据。

行政违法行为检察监督的法定性体现在两个方面，即行政行为主体的法定性与行政行为主体行为的法定性。首先，行政违法行为检察监督的实施主体是法定的。《宪法》第 129 条规定了检察机关的法律监督地位，作为重要国家机关担负着对刑事活动、民事活动以及行政活动的检察监督权，对行政活动的检察监督则是重要的一项内容。其次，行政主体的行为具有法定性。《宪法》第 136 条规定，检察权力的行使具有独立性，这意味着检察监督权力的行使不受任何个人与社会团体的干涉。此外，《刑法》《行政诉讼法》均对检察机关检察监督行政违法行为赋予法律上的依据。可见检察监督是检察机关的一项专属权利，但对行政违法行为的监督并不是只有检察监督一种。

（二）程序性

行政违法行为检察监督具有程序性特征，其在启动、实施、效力及性质等多个维度均展现出鲜明的程序性特征。首先，就启动而言，检察监督必须严格遵循法定的程序，其启动方式主要分为两种：一是依职权监督，检察机关依据自身职能，主动发现并启动；二是依受理启动监督，检察机关根据公民的申诉或控告行使监督权。其次，在实施过程中，行政违法行为检察监督必须严格按照法定程序进行，确保监督活动的合法性与正当

---

① 参见刘畅、肖泽晟：《行政违法行为检察监督的边界》，载《行政法学研究》2017 年第 1 期。

性。再次，从效力层面上看，检察监督作为一种程序性监督方式，并不直接对权力进行实体处分，因此不具有终局性和裁决性，这一设计有效防止了检察机关权力的专断与滥用，同时遵循了司法审判权作为最终裁判权的宪法原则。最后，在救济方面，若违法行为已达到刑事违法性层面，则应依据刑事法律程序追究相应责任。综上所述，检察监督在启动、执行及效力等方面均需严格遵循程序要求，其本质是一种程序性监督，不具有终局性和裁决性，且在必要时需与刑事程序相衔接。

(三) 有限性

行政机关作为行使国家权力的关键组成部分，其行为直接体现了国家意志。然而，在实践中，一些行政违法行为因没有明确的行政相对人，难以通过行政诉讼或行政复议得到有效解决。这些违法行为的影响范围广、涉及人数多，往往超越了具有特定相对人的行政违法行为。针对此类情形，检察机关作为国家法律监督机关，监督的重要性不言而喻。对于行政机关侵犯行政相对人合法权益的违法行为，检察机关不仅可以在其职权范围内依法进行监督，还可以通过为行政相对人提供法律援助，加强行政救济途径的运用，以解决实际问题。

因此，检察监督本质上是一种公益监督，其首要任务是保护国家利益和社会公共利益，同时，在保障这一主要目标的基础上，也兼顾对个别相对人权利的保护。

(四) 主动性

检察监督的主动性主要体现在启动环节。检察机关在开展行政违法行为检察监督时，并不需要依托行政相对人的申请，也不必等待行政诉讼启动才开展监督，而是在履行法律监督职责的进程中，主动发现线索、主动监督。传统的行政检察监督主要是关注行政诉讼监督，监督较为被动，必须以行政诉讼的开启作为前置条件才能开展。与之形成鲜明对比的是，行政违法行为检察监督打破了这种被动局面，转变为主动监督模式。检察机关在日常履职期间，一旦发现行政违法行为，即可主动介入监督，监督范畴从传统的局限于诉讼过程中，拓展至诉讼外其他领域。2014年党的十八届四中全会首次提出行政违法行为检察监督概念时，对监督范围界定为"在履行职责中"；2021年《中共中央关于加强新时代检察机关法律监督工作的意见》中使用的表述则为"在履行法律监督职责中"，进一步提高了检察机关监督的主动性，同时还进一步明确了其权力来源于检察机关的法律监督权。行政违法行为检察监督充分体现了监督的主动性，但这种主动性不能是随意的，更不能放任，监督中应当尊重行政机关自身的监督权，保持一定的谦抑性和有限性。①

第二节　行政违法行为检察监督的实践意义

在探讨国家与社会治理权力体系的架构时，行政权无疑占据着核心地位，其重要性不言而喻，但同时也因其广泛的裁量空间易滋生权利被滥用的风险。为确保行政权依法规范行使，行政行为应受到全面、有效且科学的外部监督，将行政违法行为明确纳入法律监督的严密网络之中，成为提升治理效能的关键举措。审视我国以前推进监督机制落实的方式，检察机关主要采取制发检察建议、诉讼监督及行政公益诉讼等多种手段对行政违法行为进行监督，但实际成效并不明显，行政违法行为仍游离于有效监督之外，凸显了现有监督方式与途径的局限性，制约了行政检察工作效能的充分释放。构建系统化、规范化的行政违法行为检察监督体系，不仅能够强化检察机关的法律监督职能，还能显著提升监督的精准度和实效性。此举不仅是完善国家治理体系、推进治理能力现代化的内在要求，更赋予行政违法行为检察监督更加深远的现实意义和时代价值。

---

① 参见肖中扬：《论新时代行政检察》，载《法学评论》2019年第1期。

行政违法行为检察监督的价值在于促进法律统一适用和社会治理，保障社会公平正义，维护国家利益和社会公共利益。检察机关对行政违法行为的监督，可以有效防止和纠正违法行政行为，保障公民、法人和其他组织的合法权益，推动法治政府建设，提升社会治理水平。2023年全国检察机关办理行政违法行为监督案件所提出检察建议3.2万件，同比上升50.2%。这背后也体现了行政违法行为检察监督的实践意义。

一、规范行政权力正确行使

行政权作为国家权力的重要组成部分，其活跃程度高、作用范围广，对国家的政治生态、经济走势、社会运转和文化发展，乃至公民权利的实现，都有着直接且持续的影响。一个国家法治建设成效如何，核心评判标准在于行政权力是否处于严密而有效的监督与制约体系之下，以及政府在日常施政过程中，能否一以贯之地遵循依法行政原则。因此，构建和完善行政执法的监督制约机制，通常被视为国家法治建设的核心任务。在我国人民代表大会制度的框架下，加强行政执法的检察监督机制建设，不仅是对全面推进依法行政战略的积极响应，也是中国特色社会主义检察制度持续发展的内在需求。这意味着，通过检察监督来确保行政权的合法、正当行使，是提升国家法治水平、保障公民权益的重要途径。

（一）行政行为作为一种权力应当受到监督和制约

权力，作为群体、个体与客体间的一种支配性关联，其本质和表现形式多样。知名社会学家马克斯·韦伯阐释道，权力是在社会关系中，即便遭遇反对，也能实现自身意志的任何可能性，无论这种可能性的基础何在。而帕森斯则强调，权力是确保集体组织内部各单位履行约束性义务的一种普遍能力，他虽从一致性和合法性的角度定义权力，却忽略了权力的流动性和相互依赖性。霍布斯从中立视角出发，将权力视为个人为获取未来明显利益而采取的当前手段，揭示了权力的利益本质。丹尼斯·郎进一步提出,权力既是意向性的能力,也是积极有效的行为,并将其细分为"控制权"与"行动权"。前者指某些人拥有并行使对他人的控制,后者则涉及权力的授权与实际行使,两者存在内在联系,稳定的控制权是行动权的前提。丹尼斯·郎还指出,人们普遍追求对他人的控制权,即期望能影响他人的行动与态度。① 简言之,权力即控制他人行为并实现自身意图的能力,它涵盖政治、经济、社会等多个维度。

政治权力,作为政治主体达成政治目标、依托政治强制力对社会价值进行支配的手段,尤为关键。其中,行政执法权是政府组织依据《宪法》和法律,运用特定强制手段管理社会的政治权力。

历史反复警示,未受监督制约的权力易导致滥用、异化和腐败。阿克顿勋爵的名言"权力趋向腐败,绝对权力绝对腐败"② 更是对权力本质的深刻揭示。因此,权力必须受到有效制约与监督,否则腐败与滥用在所难免,这是普遍适用的铁律。行政行为,作为权力的一种,同样需要接受监督与制约。

(二) 行政行为应当受到立法机关和司法机关的双重监督制约

行政行为是一种权力应当受到监督和制约。行政权力,作为政治权力的具象化形式,是国家行政机关依照《宪法》与法律规定,凭借特定强制手段,对全社会予以管理并贯彻国家意志的能力。这一概念蕴含五大关键要素:其一,行政权力的行使主体限定为国家行政机关及其工作人员;其二,其终极目标在于高效落实国家法律、法令以及各项政策,切实达成国家意志;其三,行政权力多通过强制推行政令的方式发挥作用;其四,行政权力作用的客体具有广泛普遍性,覆盖整个社会,属于国家权力范畴;其五,行政权力本质上属于执行与管理性质的权力。

具体而言,行政权力体系繁复多样,可细化为行政立法权、命令权、

---

① 参见谢鹏程等:《行政执法检察监督论》,中国检察出版社2016年版,第14~15页。
② 龚祥瑞:《比较宪法与行政法》,法律出版社2003年版,第443页。

处理权、司法权、监督权、强制权、处罚权及指导权等诸多类型，每一类别均承载着特定的行政职能。姜明安教授指出，在民主制度的框架下，行政的核心本质在于执行人民的共同意志，而这一意志的集中载体即为法律，因此，民主制度下的行政活动本质上等同于执法活动。当前，行政权力运行的监督机制已经建立，包括人大监督、行政机关上下级监督、司法监督以及社会监督等多个维度，但在实践中仍暴露出诸多不足，如监督职责界定模糊、监督力度不足等问题尤为显著。特别是在公职人员职务犯罪监督之外，对于行政权力日常运行的全面有效监督尚显薄弱。为弥补现有监督机制的缺陷，检察机关的专门监督以其针对性强、主动介入及法律强制力等独特优势，成为完善监督体系的重要补充力量。通过充分发挥检察机关的专门监督功能，可以有效回应行政监督领域的现实需求，促进监督职责的明确化，强化监督力度，进而推动行政权力在法治轨道上更加规范、高效地运行。

对行政执法的监督，主要依据《行政诉讼法》和《国家赔偿法》等法律法规。审判机关审理相关行政案件，裁决行政机关具体行政行为的合法性，行政机关必须服从人民法院的有效裁判。检察机关的监督，在广义上亦属于司法监督范畴，既对行政诉讼中的审判活动实施程序性监督，又对行政执法全流程开展实体性审查，由此形成审判权和行政权的双向制衡。李江的观点强调，政府法制监督的产生，并非仅因执法问题的普遍存在，而是由行政执法活动本身的属性和特点决定的，要求政治设计必须注重自我调节和矫正机制的建立。行政机关的执法活动本质上是行使国家权力的行为，而权力具有扩张性，若不加控制，易成为谋取私利的工具。[①]根据行为科学原理，人类行为出现偏差是必然的，这取决于执行主体在对行为准则的认知深度、接受程度、实际执行能力等方面存在差异，以及个人目标的存在，都可能导致行为偏离规则。因此，必须建立相应的制约机

---

① 参见李江：《政府法制监督探析》，载国务院法制局政府法制监督司编：《政府法制监督理论与实践》，中国法制出版社1995年版，第15~16页。

制和矫正措施。

综上所述，政府法制监督的核心宗旨在于推动依法行政，确保法律规范得以有效且正确地实施，进而达成立法所预设的各项目标。对行政执法的监督承载着多重价值，首先，它激励着行政组织及其成员积极、主动、严谨地遵循国家法律法规，依法履行管理职责；其次，该监督机制能够有效预防和纠正违法的行政执法行为，从而捍卫公民、法人及其他社会组织的合法权益免受侵害；最后，通过监督行政工作人员的失职与渎职，促进行政执法效率的整体提升。

行政违法行为检察监督，作为一种由检察机关依法实施，并由国家强制力保障的监督形式，其在我国宪法体系下展现出独特的合理性与必要性。与西方三权分立制度不同，我国实行的是人民代表大会制度下，行政、检察、审判机关依法独立履职、分工协作的体制，既保障权力运行的专业化，又避免了分权制衡可能带来的效率损耗。在此背景下，行政违法行为检察监督不仅促进了行政权与检察权之间的相互制约与平衡，还确保了两者在各自独立运作的基础上保持适度的合作与协同。一方面，行政机关为检察机关提供相关服务，体现了两者之间的职能互补与利益协调；另一方面，检察机关对行政行为合法性的监督，既是《宪法》赋予检察机关的法定职责，也是维护宪法秩序、保障政府依法行政的重要使命。

因此，行政违法行为的检察监督在一定程度上遏制了行政权的滥用与异化，确保了检察权、监督行政权的有效渗透与落实，实现了依法治国、依法行政的基本理念与内在要求。

二、推进法治政府建设

党的十八届三中全会、四中全会对我国新时期全面深化改革和推进依法治国建设进行了全面部署，明确了国家治理体系和治理能力现代化建设的总任务。2014年，党的十八届四中全会明确指出，我国推进全面依法治国的总目标是建设中国特色社会主义法治体系、建设社会主义法治国家。实现法治国家的目标必须要先依法行政，建立法治政府。① 行政系统的现代化是整个国家治理体系和治理能力现代化的重点和难点，我们必须站在顶层设计的高度来谋划行政执法检察监督机制建设，把它作为国家治理体系和治理能力现代化的一项措施，遵循人民代表大会制度中的监督制约规律，真正走出一条具有中国特色的行政权力的监督制约发展道路。②

（一）行政违法行为检察监督是促进依法行政的重要举措

全面依法治国进程里，重点任务与主体工程非推进依法行政、促进法治政府建设莫属。行政检察具有与其他监督方式相区别的职能优势，能够有效填补现有监督体系中的空白地带，显现出查漏补缺和兜底性作用，契合推进法治政府建设的工作布局。当下，如何借由行政检察推动依法行政，进而助力法治政府建设，已然跃升为法治研究领域与检察实践工作中的关键课题，备受各方关注。习近平总书记强调，"要聚焦人民群众反映强烈的突出问题，抓紧完善权力运行监督和制约机制，坚决防止执法不严、司法不公甚至执法犯法、司法腐败。"③ 习近平总书记提出，"要积极回应人民群众新要求新期待，坚持问题导向、目标导向，树立辩证思维和全局观念，系统研究谋划和解决法治领域人民群众反映强烈的突出问题，不断增强人民群众获得感、幸福感、安全感，用法治保障人民安居乐业。"④ 检察机关作为国家法律监督机关，开展行政违法行为监督工作，核心目的是充分发挥法律监督职能，督促行政机关始终坚持严格规范执法、努力做到依法行政，坚决维护宪法法律权威，守护国家利益和社会公共利益，维护公民、法人或其他组织的合法权益。这也是检察机关深入贯彻落

---

① 参见马怀德：《法治政府特征及建设途径》，载《国家行政学院学报》2008年第2期。
② 参见谢鹏程主编：《行政执法检察监督论》，中国检察出版社2016年版，第33~34页。
③ 习近平：《论坚持全面依法治国》，中央文献出版社2020年版，第248页。
④ 中共中央宣传部、中央全面依法治国委员会办公室编：《习近平法治思想学习纲要》，人民出版社、学习出版社2021年版，第29页。

实习近平法治思想的重要举措,切实加大对行政违法行为的法律监督力度,紧紧围绕人民群众反映强烈的执法突出问题,如有法不依、执法不严等,切实推进法治政府建设。

检察机关对行政违法行为的检察监督,是推进法治政府建设的关键法治力量,将行政检察工作深度融入法治政府建设全局,确保法律监督与区域发展同频共振,其实践意义丰富。检察机关这种全局性站位有利于保障政府行政行为始终在法治轨道上运行,为深化改革、促进发展提供坚实的司法保障。在实施此类监督过程中,突破个案办理思维,聚焦行政执法重点领域开展类案监督,通过制发检察建议等方式倒逼行政机关建立长效机制,通过"办理一案、治理一片"的监督模式,有效促进政府完善执法程序、规范权力运行,从源头上减少行政争议,提升法治政府建设的系统性、整体性。除此之外,检察机关聚焦公共安全、民生保障等群众关切领域,开展专项监督行动,以"检护民生"的实际成效回应群众期待。这种以人民为中心的监督导向,促使政府不断提升公共服务质量,增强法治政府建设的群众获得感,夯实社会和谐稳定的法治基础。

【案例一】在浙江省嘉善县人民检察院督促市场监督管理部门依法变更法定代表人检察监督案中,嘉善县人民检察院在办案中发现行政机关不履行或者怠于履行监管职责,致使不符合规定的人员担任公司、非公司企业法人的法定代表人,以个案为基础,通过大数据检索、数字建模比对,梳理同类问题,制发类案检察建议,督促行政机关依法履职,推动实现数据共享互通,合力优化营商环境。

在法治建设的宏伟蓝图中,常态化府检沟通交流对于促进执法司法良性互动、实现联动履职多维聚力至关重要,而行政检察监督在其中扮演着不可或缺的关键角色,对法治政府建设意义深远。一是行政检察监督在提升依法行政意识方面发挥着引导性作用。它精准聚焦行政诉讼、行政复议中频繁出现的多发性、普遍性问题,积极开展"面对面""点对点"的精准普法活动。二是在建立常态化沟通机制进程里,行政检察监督具有强大的推动和规范功能。它积极促进府检联动履职、协同发力、综合施策，针对执法过程中暴露出来的痛点、难点、风险点，主动与行政机关以座谈交流、集中研讨、专题培训等形式共商解决办法。这种协同合作能够及时清除执法过程中的障碍，有效提高行政效率。同时，行政检察监督借助建立联席会议、案件通报和信息共享机制，搭建起释法说理平台。在监督办案的各个阶段，行政检察监督能够把行政违法行为的事实、监督纠正的法律依据向行政机关阐释得清清楚楚，既为行政机关规范执法提供了明确指引，也让检察监督更加透明、更具权威性，有力推动形成公正、规范、高效的法治环境，促使法治政府建设稳步前行。三是行政检察监督在健全执法司法信息衔接机制中发挥着关键的桥梁纽带作用。它充分依托共享平台挖掘丰富的数据资源，主动与行政机关携手探索建立监督信息共享、案件线索移送、沟通协作平台。这一系列举措打破了外部监督与内部监督之间长期存在的沟通不畅问题，成功消除监督盲区，使行政权力的运行全过程留痕、全方位接受监督。在行政检察监督的有力保障下，行政权力被关进制度的"笼子"，避免被滥用，从而切实维护法律尊严与社会公平正义，为法治政府建设提供坚实的制度保障与技术支撑，助力法治建设迈向更高水平。

【案例二】在浙江省某市人民检察院督促某市工程建设行政主管部门依法履职检察监督案中，某市检察机关经审查认为，建设单位擅自将建设工程转包、违法分包，违反国家法律、法规有关的禁止性规定，扰乱了建筑市场正常的秩序，可能会引发重大安全事故。负责工程建设的相关行政主管部门对本行政区域内发现的挂靠、转包、违法分包等违法行为，应当依法给予相关责任人行政处罚或者相应处理。在与行政机关充分沟通协商的基础上，全市10个区县（市）检察机关分别向当地住建部门制发类案监督检察建议，要求对本辖区内相关违法行为依法进行调查并作出相应处理。同时，市人民检察院牵头与市中级人民法院、市发改委、住建局、水利局、交通运输局、市政务服务办公室会签《关于建立司法与行政执法衔接联动机制协同治理建设工程施工发包承包违法行为的意见》，从源头上有效预防和制止挂靠、转包及违法分包等违法行为，维护建筑市场秩序和建筑工程各参与主体的合法权益，完善建筑行业公平竞争、有序的信用体系，提升源头治理效能，促进该市建筑企业高质量发展。

【案例三】 在湖南某教育公司逃避支付劳动报酬行政非诉执行检察监督案中，某教育公司收到行政处理决定书后意图逃避支付劳动报酬，到登记部门办理了注销登记。问题企业恶意注销，企图"金蝉脱壳"逃避法律责任追究，严重侵害了劳动者的合法权益，破坏了规范诚信的营商环境。检察机关以护航民生民利为出发点和落脚点，聚焦民生领域劳动者等特定群体的权益，通过专项监督、数据模型发现监督线索等方式，充分发挥府检联动作用，推动建立行政执法与检察监督相互衔接的机制，让恶意注销企业的相关责任人承担其应尽的责任和义务，有力地维护了劳动者合法权益，实现了个案办理向社会治理的进一步延伸。

（二）行政违法行为检察监督是健全和完善中国特色监督体系的重要环节

在建党百年这一具有深远历史意义的节点，同时也是人民检察制度创立90周年的关键时刻，党中央以前瞻性的战略眼光，于2021年6月印发了《中共中央关于加强新时代检察机关法律监督工作的意见》。这也是党的历史上的一次创举，进一步彰显了党中央站在党和国家事业发展全局的高度，作出的一项意义深远的重大决策。充分展现了以习近平同志为核心的党中央深入推进全面依法治国的坚定信念与决心，彰显了对完善党和国家监督体系，尤其是对检察机关法律监督工作的高度关切与重视。该意见是习近平法治思想在检察机关法律监督工作中的具体实践与生动体现，是人民检察事业发展历程中具有里程碑意义的文件，它为新时代检察工作赋予了更为重大的政治责任与历史使命，成为推动检察事业迈向新高度、实现新发展的重要行动指南。

党的十九大提出，健全党和国家监督体系，构建党统一指挥、全面覆盖、权威高效的监督体系，把党内监督同国家机关监督、民主监督、司法监督、群众监督、舆论监督贯通起来，增强监督合力。党的十九届四中全会提出，坚持和完善党和国家监督体系，强化对权力运行的制约和监督。检察监督作为司法监督的主要部分，是党和国家监督体系的重要环节，在制约与监督行政权力方面，具有不可替代的独特优势与重要作用。一是专业性优势是检察监督的一个显著特点。《中共中央关于加强新时代检察机关法律监督工作的意见》着重指出要开展行政违法行为监督，无疑为行政检察工作的创新发展提供了重大契机。自2018年以来，最高人民检察院党组确立了"四大检察"全面协调充分发展的法律监督格局，提出"做实行政检察工作"的明确要求，鲜明提出抓重点、强弱项、补短板的工作思路。在检察机关完成内设机构改革之后，最高人民检察院以及大多数省级检察院均单独设立了行政检察部门，即便有些市、县两级检察院未单设行政检察部门，也都专门组建了行政检察办案组，使得行政违法行为监督工作都有专业部门与专门力量来实施，从组织架构和人员配置上保障了监督工作的专业性与高效性。二是主动性优势让检察监督更加突出。审判机关对行政行为监督是通过行政诉讼进行的一种被动式监督，采取"不告不理"原则，而行政诉讼程序只能在当事人提起诉讼后才启动。与之不同的是，行政检察监督程序可以依当事人申请启动，也可以由检察机关依职权启动，具有明显的主动性优势。只要检察机关在履行职责过程中发现行政机关存在违法行使职权或怠于行使职权的情况，就可以启动检察监督程序，及时督促相关行政机关予以纠正，这种主动出击的监督模式能够有效提高监督效率，及时遏制行政违法行为的不良影响。三是程序性优势是检察监督的有力保障。检察机关在对行政违法行为进行监督时，采用"案件化"办理模式，严格遵循法定程序，确保每个监督案件均建立在准确认定事实、正确适用法律的基础之上，通过制发检察建议方式推动行政机关依法行政。这种严谨规范的程序性操作，不仅保障了监督结果的公正性与权威性，也为行政机关依法履职提供了明确指引。在新时代法治建设进程中，检察机关应当充分发挥中国特色检察监督制度的优势，推动与其他监督制度的融合，凝聚各方监督合力，全力推动法治国家、法治政府、法治社会的一体建设，为实现国家治理体系和治理能力现代化贡献检察力量。

各类行政监督体制机制都有其自身局限性，而检察监督作为一种补充监督方式，能在一定程度上弥补这些缺陷。首先，行政机关层级监督的局限性体现在其内部性上，即监督者与被监督者隶属于一个行政体系，虽覆盖行政违法行为的预防、执行及后续处理全过程，但在理论与实践层面也难以确保充分的中立与超脱。特别是在行政机关面临自身执法利益与社会公共利益冲突时，若未能优先保障社会公共利益，易导致政府本位主义及权力寻租现象，进而歪曲行政机关的职能，使"服务型"政府蜕变为"贪利型"政府，监督因此失效，难以有效遏制行政违法行为。检察机关作为专门的法律监督机构，凭借其专业知识、法律监督的中立地位，有效弥补了行政层级监督的局限。

【案例四】在河北某塑业公司恶意注销逃避法律责任行政违法行为跨区域行政检察监督案中，面对跨区域监督疑难、复杂案件，江苏省、南通市两级检察院分别与河北省、沧州市检察院发挥一体化办案优势，加强地区间横向协作配合，通报河北某塑业公司恶意注销登记情况，就需要调取的证据、查明的事实及监督思路等与河北检察机关达成共识，并委托行政机关所在地检察院先行与该行政机关沟通，争取协助配合。通州湾检察院在河北检察机关配合下开展调查取证、文书送达等工作，顺利调取到河北某塑业公司申请注销的档案资料等证据，确保监督质效。

其次，行政专门监督，尤其是审计监督，具有从属性。审计监督依据法律法规授权或行政指令，对行政行为及相关人员进行监督，但由于审计监督权隶属行政权，且存在利益关联，很难保证监督的独立性与有效性。而且，审计监督主要针对的是行政机关的财政经济活动，且我国审计监督部门并没有独立于行政系统之外。检察监督以其专门性和专业性，不仅能够促进依法行政，还有助于推进法治政府的建设。

三、保障公民合法权益

行政违法行为检察监督与行政争议实质化解的完美结合有利于推动工作有效开展，在实践中所有工作的最终落脚点是为了保障公民的合法权益，行政违法检察监督也不例外。

（一）行政违法行为检察监督促进行政争议实质化解

2021年8月，新修订的《人民检察院行政诉讼监督规则》以司法解释形式将"推动行政争议实质性化解"作为行政诉讼监督的重要目标之一，明确检察机关"综合运用公开听证、释法说理、监督纠正、司法救助等手段，开展行政争议实质性化解工作"。这为检察机关深度参与行政争议实质性化解工作提供了依据，也进一步拓展了行政违法检察监督活动的范围。"从行政争议实质性化解与行政诉讼监督和行政违法行为监督的关系看，化解行政争议贯穿行政诉讼监督和行政违法行为监督全过程。"最高人民检察院与自然资源部联合印发的《关于建立行政检察与自然资源行政执法衔接工作机制的意见》第9条规定："最高人民检察院与自然资源部在办理涉及自然资源领域的诉讼案件或者非诉执行案件时，应当积极协作开展行政争议实质性化解工作。"

检察机关对行政争议进行实质性化解，可以表述为：检察机关在办理行政诉讼监督案件时，在坚持依法办案的基础上，采用可以让当事人各方均认可的方式，促使法律程序走向终结，或者将行政争议引入新的处理程序，从而实现行政争议自然消解，达成案结事了人和的履职目的。人民法院在实质性解决行政争议方面，往往受地位、化解手段及资源的限制，而人民检察院可凭借法律监督机关的政治优势、组织优势和手段优势，推动各方主体积极参与，最终实现行政争议的实质性解决。一方面，作为法律监督机关，检察机关对法院和行政机关都有监督权，这是其化解争议的独特优势；另一方面，检察机关开展争议化解工作，其主导性与中立性也非常明显，这是化解行政争议的另一突出优势。以"某材料公司诉重庆市某区安监局、市安监局行政处罚及行政复议检察监督案"（检例第 116 号）为例，该行政争议牵扯民营企业以及多方责任，历经行政复议、行政诉讼一审、二审、再审程序的多次处理，材料公司依然不服，在申请监督后，对检察机关的审查意见同样不认可。在这一棘手的案件陷入僵局时，最高人民检察院直接介入，通过与申请人面对面释法说理、及时向行政执法机关制发检察建议，迅速回应了当事人诉求，让当事人切实感受到法律监督的公平公正与公开透明。这些都是行政检察监督积极发挥作用、促进行政争议实质性化解的鲜活例证。

检察机关推动行政争议实质性化解的衡量标准，"案涉行政争议法律程序已经终结或被导入新的处理程序"是其履职标准，"案结事了政通人和"也是其履职标准，检察监督成功实践倒逼法院行政审判体制改革、理念更新、能力提升和环境优化。法院、检察院的关系是在"监督中合作、合作中监督"，检察监督发挥了不可替代的"诤友"功能。在"陈某诉江苏省某市某区人民政府强制拆迁及行政赔偿检察监督案"（检例第 117 号）中，人民检察院办理的未经人民法院实体程序审理的行政赔偿监督案件，依据行政委托关系确定行政机关为赔偿责任主体的，可以促使双方当事人在法定补偿和赔偿标准范围内达成和解。这种"可抗而不抗"、基于诉讼经济与效率考量、促成双方达成和解就能实现实质诉求的做法，充分彰显了检察机关实质化解行政争议的成效。在检察机关成功办理检例第 121 号之后，最高人民检察院联合最高人民法院、公安部、民政部发布《关于妥善处理以冒名顶替或者弄虚作假的方式办理婚姻登记问题的指导意见》，专门治理冒名婚姻登记问题，规定人民检察院根据调查核实情况、监督情况，认为婚姻登记过程中存在错误应当撤销的，应当及时向民政部门制发检察建议书。不仅实现了"办理一案、治理一片"的监督目的，还促进了行政争议实质化解与行政违法行为检察监督的有效衔接。

【案例五】 在胡某某诉河北省张家口市某区市场监督管理局行政处罚检察监督案中，检察机关通过公开听证的方式，为当事人搭建平等交流对话的平台，在法律范围内寻求合理合法的行政争议实质性化解途径，依法保障小微企业权益，化解小微企业现实困境。

（二）行政违法行为检察监督提升公民保障权益意识

人民群众的合法权益受到行政违法行为侵害的情况在实践中只有少数人会向法院提起诉讼。在此情况之下，通过行政违法行为检察监督，能够有效补充行政诉讼检察监督职能，保障公民合法权益。[①]

检察监督的核心目标在于预防公共利益受到侵害，特别是在公民社会利益保护无人问津的行政争议案件中，其重要性尤为凸显。当前，此类案件主要呈现出两大显著现象：首先，部分利害关系人虽意识到行政违法行为已侵犯其个人利益，但出于对国家权力的畏惧心理，往往选择沉默，导致违法行为未受质疑，受损利益无从寻求救济。同时，由于普通公众对行政行为的具体内容与执行过程了解有限，常出现"权益受损而不自知"的情况，进一步加剧了监督的缺失。

其次，行政机关的违法行为可能触发广泛的社会反响，促使众多公民采取单独或集体诉讼的方式寻求救济，由此引发的大规模集体诉讼如同"诉讼洪峰"，给审判机关带来了前所未有的诉讼压力，迫使司法资源进行大规模调配以应对。无论是因行政相对人没有起诉意愿而检察机关介入提起环境公益诉讼的大量案件，还是面对集体诉讼及大量个别上诉案件的涌现，在目前有限的诉讼资源框架下法院均承受了巨大的审判负荷。

检察监督作为国家法律监督体系的重要组成部分，采取非强制性的手段，能有效促使行政机关主动纠正违法行为，既有利于限制行政权的过度膨胀与滥用，又有利于保障公民、法人及社会团体的合法权益。在诉讼前

[①] 参见谢鹏程等：《行政执法检察监督论》，中国检察出版社2016年版，第12页。

解决行政争议,有利于减轻法院的审判负担,避免司法资源的浪费,确保行政权力运行始终置于法律监督的有效框架内。尤为关键的是,行政违法行为检察监督作为一种程序性监督机制,其目的并非直接作出最终裁决,而是为利害关系人创造了多元化的纠纷解决渠道,充分保障了利害关系人合法权益的实现,促进了社会的和谐稳定。

【案例六】在江苏省无锡市某区人民检察院督促纠正错误行政处罚决定检察监督案中,检察机关在履职中,强化"行刑衔接",践行"穿透式监督"理念,高质效办理关系残疾人合法利益的案件,促进提升社会治理效能,切实保障残疾人合法权益。

四、弥补当前监督效能不足

一是社会与公民监督是行政执法监督的根基,也是约束执法权力的有力手段,在揭露执法机关权力滥用、失职渎职以及腐败行为方面,发挥着不可或缺的作用。然而,当前我国社会监督的效能不足,主要原因就在于监督渠道不通畅。政务公开的范围狭窄,导致执法机关与人民群众、民主党派、新闻舆论等监督主体之间难以建立有效的联系与沟通机制,监督主体无法及时、精准地对执法行为展开监督。

二是监督机制的单一性与单向运行削弱了监督的全面性。理想的监督机制应贯穿行政执法全过程,实现事前、事中、事后监督的有机结合,以预防、控制并查处违法行为,确保监督链条的完整与高效。但当前实践中,监督重心过于偏向事后查处,事前预防与事中控制相对薄弱,监督主体往往忽视"防患于未然"的重要性,仅侧重于"纠偏既遂"。例如,人大监督虽具宏观性,却难以深入具体行政行为,且监督范围广泛而资源有限,难以实施深入专项监督;相比之下,检察监督能全程介入行政执法,以其专业性和权威性弥补人大监督的过于宏观与过于抽象的缺陷。

三是司法监督的被动性导致了其主动干预能力不足。我国遵循"不告不理"原则,行政诉讼需经相关方启动,司法监督无法自发进行。这意味着,司法监督仅能在接到起诉后介入行政违法行为,而检察监督则更为灵活,既可基于民众控告,亦可依职权主动行使,从而有效遏制违法行为。

四是社会监督虽已成为普遍方式,但缺乏国家强制力支撑,无法直接促使违法行为得到纠正。因此,社会监督主要作用于揭露行政违法行为,而问题的解决仍需依赖行政救济途径。这表明,社会监督虽具重要价值,但在强制力与纠正能力上存在局限。

第三章 行政违法行为检察监督的域外借鉴和启示

第一节 域外行政违法行为检察监督制度

一、苏联行政违法行为检察监督相关制度

在深入探讨中国1949年后司法体制的构建历程与演进趋势时，不能忽视的一个关键因素是，它明显受到了苏联模式的深远影响。因此，系统而深入地剖析苏联的相关法律与制度体系，是理解中国相关制度的必由之路。这一研究路径的重要性不仅体现在帮助我们追溯历史根源、把握制度变迁的宏观脉络，更在于通过两国制度架构的相似性，减少时间成本，从而提升研究的准确性和深度。

苏联检察监督的特色在于检察机关所享有的广泛而深入的一般监督权。[①] 这一权力不仅赋予了检察机关对行政机关的全方位监督职能，还扩展至社会生活的各个领域，形成了独特的监督网络。具体而言，在针对行政机关的监督实践中，检察机关不仅能够细致入微地审视并纠正具体的行政行为，分析其合法性与合理性；它们还具备评估并监督抽象行政行为的能力，即对行政机关制定的规范性文件、政策等进行审查，以

[①] 参见韩成军：《苏联、俄罗斯行政执法检察监督对我国的启示》，载《河南社会科学》2015年第11期。

防止权力滥用和不当干预。

监督机制运行模式主要包括两种：一是当检察机关发现行政机关或其负责人作出的决定、命令出现违法时，可采取一系列刚性措施。如发出检察建议，给予行政警告，送达纠正违法通知书等，要求相关机关立即改正错误。且苏联的这些举措，执行效力和约束力度更为强劲。二是通过法律监督途径，当发现行政违法行为时，检察机关有权发起行政诉讼，并且能够全程深度参与诉讼流程。从案件立案环节开始介入，到调查取证阶段，均能发挥监督作用。同时，检察机关还对行政诉讼案件负有检察监督职责，在必要时可依法提出上诉、抗诉，在行政诉讼执行阶段也可开展监督工作。这种涵盖诉讼各环节的全方位法律监督模式，显著增强了检察机关对行政权力的制衡能力，有效防止了行政权力的不当行使。

然而，值得注意的是，苏联检察监督制度的强大与全面也带来了一定的负面效应。由于检察权对行政权的监督力度过大、范围过广，有时会出现检察权对行政权过度干预的现象。这种情况下，检察机关可能在一定程度上超越了其固有的检察职能范围，而插足行政管理的具体事务中，从而引发了权力边界模糊、职能混淆等问题。这种现象不仅削弱了行政机关的主动性和积极性，也可能对司法独立与公正造成不利影响。因此，在借鉴苏联检察监督制度经验的同时，也需要对其潜在的问题与风险保持清醒认识并予以妥善应对。

二、英美法系国家行政违法行为检察监督相关制度

（一）英国行政违法行为检察监督

英国的行政违法行为检察监督制度，根植其悠久的历史文化传统，是从古老的制度逐步演变而来。[①] 英国是典型的议会主权国家，在制度建设上，为防止检察权对行政权与司法权的过度依赖，英国专门让它们保持相

---

① 参见李军、曲新久主编：《行政执法检察监督机制研究》，中国检察出版社2017年版，第80页。

应距离。议会虽然可以督促检察署运作,但检察长与检察署有独立的决定权,不受行政机关与审判机关的过度干涉。

英国检察监督制度之所以完备,原因主要在于对侵害公共利益的行政违法行为的严格监控,其监督特色可归纳为以下几点:

首先,监督范围彰显全面性。该制度不仅覆盖行政执法的各个环节,确保监督无遗漏,而且针对造成严重后果的违法行为,也提供了必要的法律救济途径。在行政诉讼领域,检察机关的参与不仅是常态,更在是否直接派员参加诉讼上展现出灵活性,但涉及公共利益时,需要颁布训诫和做出宣言的,检察总长必须亲自到庭,这样的制度设计展现了与我国检察机关有关出庭制度的差异性,强化了监督的刚性与权威性。

其次,案件来源广泛且制止措施及时。鉴于检察资源的有限性,英国建立了公民参与监督的机制,允许公民在发现行政违法行为时,通过合法途径向检察总长提出申请,一旦获得许可,公民即可在违法行为发生时,以检察总长之名禁止某些行政违法行为,发布禁止令或宣告令,迅速切断违法行为的持续侵害。这种基于公民请求的公权力借用模式,不仅有利于保护私人权益,更将个人救济上升为公共利益层面的公法保障[1],体现了监督的及时性与高效性。

最后,监督手段具有主动性同时兼具刚性。在维护公共利益方面,为确保检察职能得到充分有效发挥,检察机关在发现违法行为时,享有及时告知权力,并可以及时督促行政机关纠正违法行为。在行政诉讼过程中,不仅原告的全部诉讼权利检察机关均可行使,而且可以对案件发表独立意见、进行总结评论。更为关键的是,当检察机关认为正在办理的案件与公共利益无具体直接关联时,可根据自由裁量权决定案件终止[2],这一主动性的监督措施,进一步强化了检察机关在维护公共利益方面的积极作用。

---

[1] 参见伍芳梅:《论违法行政行为的检察监督》,湖南师范大学2013年硕士学位论文,第15~16页。

[2] 参见谢鹏程等:《行政执法检察监督论》,中国检察出版社2016年版,第58页。

(二) 美国行政违法行为检察监督

美国作为一个典型的三权分立体制国家，其检察机关的设置并未直接纳入三权分立框架，其检察制度对行政机关的依附性较强，实践中，其存在形式多是隶属于政府的法律服务组织或政府的附属组织，这一现象引起许多学者对其在行政违法行为检察监督中是否可以独立行使职权的质疑。然而，值得注意的是，美国的检察监督制度优点在广度上实则超越了英国，监督范围更为宽泛。

首先，就监督范围而言，美国的检察监督仅仅关注于公共利益，对侵犯私人平等权利的违法行为，检察长也有权参与，并根据情况可提起行政诉讼。因此，美国构建的检察制度是多元化的。当公民个人权益受到行政违法行为的侵害时，特别检察官可应检察长之邀，介入调查，收集证据，一旦确认违法行为，即采取相应法律措施。同时，在行政诉讼领域，专职检察官制度的设立，有利于检察权与诉讼程序的紧密衔接，有利于诉与非诉领域的全面覆盖，有利于捍卫公民与社会的合法权益。

其次，在检察监督的效果层面，美国检察机关享有直接的建议权与纠正权。检察机关对行政权力的监督具有深度，它的建议权，尤其是关于行政长官的罢免建议权体现更为突出，如2008年伊利诺伊州检察长莉莎·迈迪根提起的对州长罗德·布拉戈耶维奇的罢免建议就是例证。纠正权则直接作用于制止环境污染、权力滥用等不法行为，彰显了检察监督的实效性与权威性。[①]

此外，美国的"私人检察官"制度作为行政违法行为检察监督的又一特色，赋予公民在公共利益受损而检察机关未能及时介入时的诉讼权利。这一制度不仅弥补了检察资源的不足，还激发了公民参与社会监督的积极性，有利于遏制行政违法行为的蔓延，是美国检察监督体系中不可或缺的

---

① 参见张鸿巍：《美国检察制度研究》（第2版），人民出版社2011年版，第43~45页。

一环。

综上所述，美国检察监督制度虽在架构上偏离了三权分立的传统模式，却以其独特的制度设计与广泛的监督范围，在维护公共利益与私人权利方面展现出了强大的生命力与实效性。

三、大陆法系国家行政违法行为检察监督相关制度

（一）法国行政违法行为检察监督

法国在大陆法系国家的行政诉讼领域中占据独特地位，显著地体现在其作为该制度起源国的角色上。法国不仅广泛赋予检察机关在行政诉讼中的监督权力，每一案件均有检察参与的可能性，从而在案件初期即掌握诉讼文件内容，为公正裁决奠定基石，并能就行政活动中的实体与程序问题发表专业见解。[1] 值得注意的是，虽然检察机关不直接派驻在每个法院，但对整个国家的执法活动均具有监督的权力。进一步而言，法国检察官的监督权不仅体现在诉讼领域，其在非诉讼领域同样具有广泛的影响力，主要表现在：

一是在存在形式上，法国的检察机关职能已经嵌入法院体系内部，对法院内部的公务员及其他工作人员可以进行纪律与法律上的监督。在监督范围上，监督权已经超过了行政机关的界限，延伸到社会公共机构、私人教育机构乃至精神病医院，进一步彰显了监督领域的全面性和深层次性。

二是在监督目的层面，法国区分了对公共利益的维护与针对个人利益保护的监督。针对个人与行政机关间的纠纷处理，由专门的司法行政机关负责处理；而对于公共利益维护问题，特别是关于会计账目审核、行政人员滥用职权等，则另设专门机构进行监督，以确保公共利益的安全与公正。

此外，为有效应对行政违法行为多发性以及检察资源有限性的挑战，

---

[1] 参见王彦祺：《行政违法行为检察监督研究》，中国石油大学 2018 年硕士学位论文，第 26 页。

法国建立了"越权之诉"制度。即当行政违法行为侵害了公共利益，同时侵害了利害关系人或社会团体的利益，受害人可向法院提起诉讼，根据自身的利益诉求，审查行政执法行为是否违反了合法性的原则，从而维护自己的正当权益[①]，及时遏制行政违法行为的蔓延，实现行政法治的全面保障。

(二) 德国行政违法行为检察监督

德国属于联邦制国家，政权组织形式议会内阁制，这一架构深刻体现了三权分立与相互制衡的原则。在德国的权力结构中，检察权虽常被归类于行政权范畴，却独立于法院体系之外，且具有其独特的法律地位与功能。

就检察机关的职责而言，德国高度重视对检察机关行政机关及其工作人员的监督管理工作，这是构成了国家监督体系的重要一环。具体而言，联邦议会通过全面的监督机制对联邦政府进行约束，而司法机关则依托司法程序，对政府及公务人员的行为实施有效监督。这种多层次、多维度的监督模式，有利于行政权力的规范运行与公共利益的维护。

德国行政违法行为的检察监督实行的是联邦总检察院与州检察院分别行使职权，各自依据明确的职权范围执行，二者在组织关系上相互独立，没有直接的隶属关系。尽管联邦总检察长在职能上与法院存在紧密关系，被视为法院工作运转的必要机关，但在州机关的设置上，只有高等州法院与州法院规范设置了检察机关，地方法院没有设置[②]。具体到行政违法行为的检察监督，在监督范围上基本上不受任何限制。

不仅可以针对具体的行政行为实施检察监督，还可以对抽象行政行为提起诉讼，请求法院对行政行为合法性进行审查。这一制度安排，为公民及社会团体提供了有效的法律救济途径，促进了行政决策的透明化与合

[①] 参见王名扬：《法国行政法》，中国政法大学出版社1989年版，第667~681页。
[②] 参见魏武：《法德检察制度》，中国检察出版社2008年版，第177~179页。

法化。

此外,德国"公益代表人"制度是违法行为监督过程中的关键保障措施。该制度赋予检察机关在行政执法领域的重要角色,有利于公共利益得到及时、有效维护。与此同时,与法国"越权之诉"相呼应,德国设立了"民众诉讼"制度,进一步拓宽了行政违法行为的监督渠道,鼓励公众积极参与监督过程,共同维护行政法治的权威与公正。

(三) 日本行政违法行为检察监督

自第二次世界大战结束以来,日本在法律制度构建上展现出了显著的开放性与融合性,积极吸纳了英美法系中的若干先进原则与特色元素。然而,这一法律体系的根基依然牢固地植根于传统大陆法系之中,其核心理念、结构框架及法律术语均深受大陆法系影响,因此,日本法律制度在学术分类上仍被归入大陆法系范畴。

在行政监督领域,日本检察机关的职能尤为突出,特别是对行政诉讼的监督构成了其监督活动的核心。这一职能的履行,主要以1988年颁布施行的《非诉案件程序法》为依据。按照该法规定,检察机关有权对行政非诉案件进行监督,在行政非诉案件的审理过程中,检察机关可以列席庭审并发表意见。

鉴于检察资源的有限性与社会监督需求的广泛性之间的矛盾,日本引入"民众诉讼"制度,作为检察监督的有效补充。该制度赋予广大民众纳税人、选举人或其他公众身份向司法机关提起诉讼的权利[1],旨在纠正国家及公共团体机关违反法律法规的行为。这一制度的实施,不仅拓宽了行政监督的参与渠道,增强了公众对行政活动的监督力量,还促进了政府行为的透明度与合法性,为构建更加公正、高效的行政管理体系提供了有力保障。

---

[1] 参见 [日] 盐野宏:《行政法》,杨建顺译,法律出版社1999年版,第429页。

第二节　域外行政违法行为检察监督制度启示

本章第一节深入剖析了英美法系中具有代表性的英国与美国，大陆法系里极具典型性的法国和德国，以及苏联在行政违法行为检察监督方面的情况。尽管这些国家的政治体制大相径庭，检察权的属性也各有特点，对行政违法行为检察监督的称谓更是多种多样，经过细致梳理，依然能看到一些可供我们参考借鉴的经验。

一、强调公共利益，兼顾个人权益的全面保障

现代行政违法行为检察监督制度的构建的根本目的在于运用检察权力对行政权力实施有效监督，以防止行政机关滥用职权，进而侵害公民的合法权益。尽管在具体实践中，某些行政违法行为的直接后果是侵犯了公民的个人权益，从而触发了监督机制的启动，但检察监督的深远意义在于其对国家利益和社会公共利益的维护[①]。以英国和德国为例，英国构建了以总检察长为核心的公共利益保护机制；德国则通过公益代表人制度，由检察长分别担任联邦、州以及地方层面的公共利益代表人，以此对行政违法行为实施监督。需要明确的是，以维护公共利益为根本准则，并不意味着忽视对个人权益的具体保障。实际上，检察机关在履行职责时，一旦发现行政机关的违法行为损害了特定行政相对人的合法权益，便有义务积极作为，采取相应手段。一方面，追究相关责任人的法律责任，让违法者为其不当行为付出代价；另一方面，及时纠正违法行为，防止损害进一步扩大，切实保障受害者的合法权益，确保个体在法治框架内得到应有的公正对待。

二、聚焦具体行政行为监督，审慎把握监督边界

行政违法行为检察监督的范围与深度，取决于对具体行政行为与抽象

[①] 参见谢鹏程等：《行政执法检察监督论》，中国检察出版社2016年版，第62页。

行政行为监督的内涵界定与结果处理。是否能够对抽象行政行为进行检察监督，考验着检察机关的工作能力和实际承载力，关系着行政违法行为检察监督的整体效能。在检察监督领域，各个国家对具体行政行为，都制定了详尽细致的规定，然而在对抽象行政行为的监督，各国呈现出明显不同。美国检察机关凭借自身的司法审查权，可以直接对政府立法行为开展监督；苏联的检察机关监督权规定，若发现行政违法行为，或是发现存在违反上位法的规范性文件，可通过抗议程序，向相关机关及其工作人员提出抗议，强行要求其即刻终止行政违法行为，并撤销违法的规范性文件。相较之下，其他国家在这方面则没有明确规定。抽象行政行为作为具体行政行为的实施依据，在行政权运行过程中被反复适用，若其本身违法，极有可能从根源上诱发大量行政违法行为。因此，要从源头上遏制行政违法行为，必须对抽象行政行为实施检察监督，而且这种监督是必不可少的。尽管抽象行政行为与具体行政行为都应纳入检察监督范畴，但这并不是说可以无限制地扩张检察机关的行政监督权。在开展行政违法行为检察监督工作时，检察机关仍需精准把握监督尺度，在充分发挥监督职能与保障行政权正常运行之间，寻求合理平衡，确保监督工作既有力有效，又不干扰行政机关的正常履职。

三、多元化监督手段并行，强化监督效能

监督手段与监督效果紧密相连，要想对行政违法行为实现有效监督，监督手段不仅需要丰富多样，更要有足够的权威性。俄罗斯在这方面堪称范例，其监督体系十分完备。在监督范畴上，不仅包含诉讼监督，还包括诉讼外监督；在监督对象上，既可以对具体行政行为监督，也可以对抽象行政行为进行监督；在监督时效上，可以对已发生的行政行为进行监督，还可以对尚未发生但存在潜在违法风险的行为发出预先警告。这些多元的监督手段并非孤立存在，而是彼此配合、相互补充，共同发力，有力保障了对行政违法行为的检察监督得以切实生效。

当前，我国行政违法行为检察监督范围的拓展速度较为缓慢，监督手段比较单一，主要依靠制发检察建议开展监督。在实际执行过程中，检察建议的法律约束力有限，难以充分释放监督效能，导致监督工作的成效大打折扣。在未来行政违法行为检察监督领域的发展进程中，亟须转变思路，积极探索多元化的监督手段。一方面，要突破现有的单一模式局限，引入更多具有实效性的监督举措；另一方面，要高度重视监督手段权威性的塑造，从制度设计、法律保障等层面发力，确保每一项监督手段都具备刚性约束，让行政违法行为检察监督能够精准落地、切实生效，全方位提升监督工作的质量与水平。

四、依托检察权赋能公民监督，构建全方位监督网络

在检察机关监督的过程中，行政权表现形式多样，行政行为更是种类繁多，与之相对应的是，检察机关自身的办案能力存在客观局限。这一矛盾使得检察机关在现实中难以对行政违法行为监督做到全面兼顾。为此，许多国家纷纷探索监督替代方式，以检察权助力公民监督行政权的补充模式。分析各国行政违法行为检察监督的具体举措，英国的告发人诉讼、美国的私人总检察官制度，以及法国的越权诉讼、德国的民众诉讼和团体诉讼，本质上都是借助检察权支持公民对行政违法行为开展监督，以此填补检察机关在监督行政违法行为时存在的监督局限性。

我国是人民当家作主的社会主义国家，在行政违法行为检察监督的探索中，应充分发挥社会主义制度优势，彰显人民群众的主体地位。通过进一步拓展监督途径，构建多元监督体系，力求对行政违法行为实现全方位、无死角的监督，让行政权力在法治轨道上规范运行，切实保障人民群众自身的合法权益和社会公共利益。

第四章　行政违法行为检察监督实践探索及边界考量

第一节　我国行政违法行为检察监督的实践探索情况

我国各地都在结合实际进行行政违法行为检察监督工作的探索，一些地方的创新做法还取得了可喜的成绩。例如，2022年上半年，新疆乌鲁木齐铁路运输检察院在行政违法行为检察监督的工作中，向行政机关发出了19份行政检察建议书，各行政机关均已整改到位，并且重新作出行政处罚决定，共纠正22起错误的行政处罚，有效制约和监督纠正了行政违法行为。总体上看，各地对于行政违法行为监督的实践探索在某种意义上完全契合了检察机关法律监督的宪法地位，相关规范性文件的出台为在全国范围内开展行政违法行为检察监督提供了具有可操作性的参考，同时，在实践中总结出的经验和问题对后续的工作具有很好的借鉴意义。

一、部分地区行政违法行为检察监督基本情况

（一）湖北省孝感市行政违法行为检察监督基本情况

2022年至2023年5月，湖北省孝感市人民检察院将行政违法行为监督作为行政检察新的增长点，探索行政违法行为监督的有效路径，共办理监督案件87件，推动行政机关专项整治12次，1件案件入选最高人民检

察院典型案例。

一是拓宽行政违法行为线索渠道。对内，出台《关于加强全市检察机关行政检察工作内部协作配合的意见》，明确刑事检察部门在办理生产销售伪劣产品罪等14类案件时，民事检察部门在办理产权纠纷等5类案件时，公益诉讼检察部门发现不符合公益诉讼受案范围的行政违法行为时，应当移送行政执法监督案件线索。2022年，全市检察机关其他部门向行政检察部门移送线索16件。对外，主动走访自然资源、农业农村、市场监管、生态环境、人力资源和社会保障等行政机关，通过行刑衔接平台及时掌握行政机关执法信息。2022年，全市各级检察院通过主动走访、现场调查等方式，发现行政违法案件线索24件，经进一步审查后，向有关行政机关发出检察建议20件。

二是深挖行政违法中的普遍性问题。对具有典型意义的个案，在全市范围内共享办案经验，扩大类案监督规模。如孝感市人民检察院对孝昌县人民检察院办理的曾某婚姻登记监督案进行分析后认为，行为人利用公民户口身份信息管理不完善、民政部门工作人员办理婚姻登记程序不规范而进行冒名婚姻登记情形可能并非个案，遂将该案办理经验在全市推广，全市检察机关又办理了4起类似案件。围绕行政许可、行政处罚、行政强制等领域存在的突出问题开展行政违法行为监督，促进解决重点领域和行业普遍性行政违法问题。汉川市人民检察院针对近年来无证驾驶、醉酒驾驶摩托车案件多发，精神病人持有驾驶证等问题，先后向公安机关制发检察建议2件，督促公安机关开展摩托车交通违法专项整治和严重精神障碍患者持有机动车驾驶证专项清理活动。

三是提升行政违法行为监督质效。两级检察机关主动向地方党委、人大报告行政违法行为检察监督工作，促进将行政检察监督纳入依法治市（县、区）和社会矛盾纠纷调处化解体系。与自然资源和规划局、司法局等单位会签文件，建立信息共享、案情通报、案件移送、案件质量评查等机制，形成监督合力。强化跟进监督，督促行政机关主动纠正违法，促进行政争议实质性化解。如孝感市孝南区人民检察院办理的饶某与邓某离婚纠纷涉及不动产变更登记监督案。孝南区人民检察院在向当地民政局发出检察建议后，先后组织召开听证会、协调会，促使民政局不动产登记中心以附记形式将饶某享有的涉案房屋权力予以登记，实现案结事了政和。

（二）山东省平原县行政违法行为检察监督基本情况[①]

近年来，平原县人民检察院（以下简称平原县院）认真贯彻《中共中央关于加强新时代检察机关法律监督工作的意见》精神，围绕检察机关全面深化行政检察监督的工作要求，从加强制度建设、服务中心工作、强化机制创新、加强沟通协作等五个方面，积极稳妥推进行政违法行为监督，取得了突出成效。

一是加强制度建设，争取党委政府支持。平原县委、县政府先后出台《关于支持县人民检察院依法深入开展行政检察监督暨公益诉讼工作推进法治平原建设的实施方案》《关于规范行政权力公开运行的实施方案》，成立由县委书记任组长的领导小组，在全县部署行政检察工作。结合实际制定实施方案、评价标准、考核评价机制等，对行政执法监督情况进行考核打分，以考核评价推进依法行政，推动县委将行政违法行为监督总体情况纳入年底全县绩效考核体系。

二是聚焦重点领域，推进服务党委政府中心工作纳入检查工作大局。主动把行政违法行为监督工作融入当地党委政府工作大局中进行谋划和推进，常态化开展营商环境、安全生产、市场监管、税收管理等领域的行政违法行为监督，以检察监督助力推动重大决策部署落地生根。同时，加大对生态资源环境、医疗卫生保健、社会治理等与人民生活息息相关领域的监督力度。近年来，共开展市场主体权益保护、行政罚没、河湖清围等专项活动20余次，到行政机关走访调查180余次，查阅相关案卷材料1000

[①] 本部分内容源于安小刚：《行政违法行为监督的基层实践》，载《中国检察官》2023年第3期。

余卷，提出检察建议97件，有效规范行政执法行为，充分体现检察监督职能，受到县委、县政府及社会各界的充分肯定。

三是强化机制创新，推进检察监督规范运行。创新检察监督方式，积极探索建立"线索发现+违法认定审查+分类处理"行政违法行为检察监督工作机制，为依法规范监督创造条件。平原县院始终紧扣法律监督职责，在办理刑事、民事、控告申诉、刑事执行等案件或者开展诉讼监督中发现行政违法行为线索外，还通过对接县安委、生态委等，继而发现行政违法行为线索。围绕行政执法部门职责对行使职权或不行使职权的违法性进行认定，通过调查核实进行全面客观审查，准确认定是否属于行政违法行为。经审查认为属于行政违法行为的，根据不同情况进行处理，分别采取口头纠正意见、提出检察建议、移送有关部门处理等相应措施予以督促整改。该项工作被评为全省检察机关创新项目二等奖。

四是重视沟通协作，实现双赢多赢共赢。先后与生态环境、市场监管、自然资源等部门实现了案情通报、信息共享、案件移送等，实现行政执法与行政检察有效衔接。针对在办案中发现的问题建立逐级反馈机制，视情况分别向部门主要负责同志、分管负责同志或具体科室负责人反馈，并就违法行为认定、推动整改中加强协商沟通，增强了互信，形成了良性互动，提高了问题整改质效。同时，在监督中强化了协作，多个行政机关在执法办案中增强接受监督意识，主动邀请检察机关参与案件研讨会商，助推了依法行政、规范行政。

五是强化能力建设，大力提升综合素质。成立以检察长为组长的行政执法监督领导小组，抽调3名业务骨干组成专门办案团队，具体负责行政违法行为监督工作，抽调2名业务骨干组建机动调查队，协助做好相关调查核实等工作。平原县院根据行政机关"三定方案"和职责清单梳理出了涉及28家单位10大类5384项行政行为，形成汇编，为监督提供指引。积极选派业务骨干到法院行政审判庭交流学习，从市县相关行政部门聘任业务专家16名组成专家咨询委员会，并提供智力支持，邀请行政机关业务骨干授课等，提高执法监督能力。

(三) 连云港市灌云县行政违法行为检察监督基本情况①

一是出台工作机制和规范性文件。作为一项基层改革创新工作，行政执法监督不仅要于法有据，符合法的精神、法的原则、法的制度，还要与地方工作大局要求、需求相适应，得到地方党委、政府及人大的支持，这是改革创新得以顺利开展的根本保证。针对导致执法信访量居高不下的乱罚款、乱收费、同事不同罚、越权执法、执法态度粗暴、以罚代刑等诸多乱象，及其背后执法单位排斥监督、执法信息不公开、监督体制不畅、监督力量分散、检查考核流于形式、法律监督缺位等诸多问题，撰写了《灌云县基层行政执法现状分析》《关于加强基层行政执法监督的思考》，提请并建议县委县政府出台《关于加强基层行政执法与检察监督衔接工作的实施意见》《关于加强行政执法与检察监督相衔接的实施意见》《关于加强行政执法与检察监督相衔接的实施细则》《关于行政执法与刑事司法信息共享平台建设的实施意见》，逐步形成"党委领导、人大支持、政府负责、检察监督、部门司职"这一监督模式，有效统筹各方资源，借助党委、政府、人大力量加强对行政执法行为检察监督的刚性约束，强化执法单位对检察建议、检察意见的贯彻落实，也避免了检察机关扩张权力的嫌疑。根据实际工作的需要及发展变化，定期、不定期向县委、县人大专题汇报行政执法监督工作情况，提请研究解决机制、体制、编制等方面问题。为推动该项工作规范、长效开展，在对前期工作深入调研论证的基础上，适时向县人大提交《灌云县行政执法检察监督实施办法（试行）》议案，在审议通过后，召开新闻发布会，对该办法颁布实施情况进行说明。县委办公室、县政府办公室制定《灌云县行政执法检察监督工作细则》。两个规范性文件是灌云县人民检察院开展行政执法检察监督的制度保障。

---

① 本部分内容源于灌云行政工作总结——"灌云检察院三年探索行政执法监督形成鲜明特色"。

二是成立职能机构,把行政执法监督作为一项业务工作常规开展。改革之初,灌云县人民检察院将行政执法监督工作作为一个社会治理创新项目、一项临时性工作,依托派驻乡镇检察室加以探索推进。随着"两法衔接"信息平台的建成及行政执法报备案件的大量涌入、行政执法监督活动的经常性开展,行政执法监督触及县级行政机关、监督活动对行政法学专业要求的不断提高,灌云县人民检察院根据发展需要,早在2015年就及时提请县委批准成立专门的行政执法监督机构——"两法衔接"监督办公室,经过挂靠派驻乡镇检察室、侦监部门、民行部门、独立挂牌成立"两法衔接"监督办的多次反复后,根据党的十八届四中全会关于加强行政执法监督的要求和行政诉讼法精神,以及检察机关现有内设机构的性质,将原民事行政检察科分为民事检察科、行政检察科,由新设立的行政检察科履行行政诉讼监督职能,延伸履行行政执法监督职能。在明确职能定位设置的基础上,为推进该项工作规范运行,制定了行政执法检察监督工作流程两章26条,对案件受理、案件审查、案件监督结果反馈等工作进行了细化、精化。做到了机构到位,人员到位,职能到位,工作流程到位,切实让行政执法监督工作名副其实。

三是创建监督体系,在法治化轨道推进行政执法监督深入开展。为保障行政执法检察工作沿着法治化轨道科学发展,灌云县人民检察院创新开展行政执法监督工作,形成一套可复制可推广的工作经验。

"一个监督模式"即党委领导、人大支持、政府负责、检察监督、部门司职。党委领导,指县乡(镇)两级党委围绕行政执法重要内容,对执法理念、监督方式、工作效能等加强统一领导,对重大行政执法监督案件加强协调指导;人大支持,指县乡(镇)两级人大定期评议行政执法监督工作,听取审议并监督解决有关行政执法监督中的重大事项;政府负责,指县乡(镇)两级政府加强对行政执法活动、执法过程和执法效能的考核验收;检察监督指检察机关依照县有关文件对行政执法活动进行静态、动态监督,受理举报、监督案件、纠正违法,查处有关案件。部门司职,指各行政执法主体依法履行行政执法职责，做到及时、有效、公开、公平、公正执法。

三项监督原则包括：依法监督原则，在宪法法律范围之内、检察权基础之上，依法履行监督职能，既遵循检察权运行规律，又遵循行政权运行规律，通过到位而不越位、介入而不干预的检察监督活动，促使行政机关依法行使职权。及时监督原则，坚持以事后监督为原则，事中事前监督为例外。从"两法衔接"要求行政执法机关主动报备行政处罚或检察机关对国家公职人员职务犯罪预防角度，可以事中监督，对涉及民生领域的行政处罚与行政违法行为可能造成严重危害后果的，从推进社会治理的角度，可以提前介入，避免或减少不应有的危害或损失。适度监督原则，即对一般违法行政行为倾向于运用检察建议等柔性方式进行监督。

为实现行政执法监督效能的全面跃升，灌云县人民检察院还创新构建了六项紧密协同的工作机制，从不同维度强化监督力度，规范执法行为。

第一，构建多元协同联动机制。着力打通行政执法机关与检察机关的双向沟通渠道，对行政执法案件信息公开的范围、标准、时间节点及具体要求进行统一规范。通过定期组织联席会议，双方及时共享执法动态，围绕典型案例展开深入研讨，统一执法尺度。同时，加强与监察机关、上级行政部门的协作，针对拒不执行案件移送建议的情况，检察机关可提请监察部门或上级主管单位介入处理。此外，定期向人大常委会专题汇报工作，对重点难点问题，人大开展质询与执法监督。

第二，建立执法风险防控机制。针对重大行政执法案件，检察机关与执法单位联合开展风险评估，明确案件移送的范围和流程。对达到一定风险级别的案件，检察机关提前介入，在案件定性、证据转换等行刑衔接关键环节提供专业指导。同时，建立风险预警机制，一旦发现执法工作中出现的苗头性、倾向性问题，及时发布预警信息。

第三，推行同步介入监管机制。针对行政执法机关存在的消极履职、案件移送不及时等问题，在重点领域开展专项监督行动。通过全面收集行政执法信息，及时发现潜在问题，并督促相关部门采取有效措施进行整改，确保执法行为合法合规。

第四，实施监督预防并重机制。积极开展预防宣传教育活动，帮助行政执法机关建立廉政风险防控体系，推动廉洁执法、规范执法。将监督工作前移，从行政决策和行政执法的源头入手，特别是对涉及民生利益的重大事项，在强化监督的同时，制定有针对性的预防措施。

第五，完善考核评价激励机制。将行政执法监督工作纳入政府目标考核体系，充分发挥政府考核的导向作用和责任追究机制的约束作用，增强行政机关接受监督、配合监督的主动性和自觉性。

第六，健全备案审查管理机制。搭建行政执法监督信息平台，录入行政机关权力清单，全面掌握执法职责职权。建立重大行政执法事项全流程报备机制，要求民生类案件全部备案，涉及公民人身、财产权益的行政强制措施、行政许可等重大执法决定及时报备，实现对执法行为的动态监管。

四是善于总结形成可复制可推广的经验。工作中，灌云县人民检察院坚持从实践中来、到实践中去，边探索，边总结，边完善，边提高，逐步提炼形成易于复制、便于推广的灌云样本。

灌云县人民检察院先后举办三届行政执法监督理论研讨会，邀请最高人民检察院检察理论研究所、国家检察官学院、中央民族大学、南京大学、东南大学、华东政法大学、南京师范大学等科研机构及高校专家教授和省市院有关领导对行政执法监督工作的合法性、正当性、可行性、有效性、学术性及工作方向、发展趋势、监督体系构建、监督边界、范围界定等问题进行研讨论证，厘清了依法监督、有限监督、监督时机把握、监督主体范畴、监督边界固守与突破等理论和实践问题，灌云行政执法监督模式、原则、机制及监督主体等也随之修正、完善达20余次。

灌云县人民检察院运用多元视角，对行政执法监督成效展开深度追踪分析。在县政府组织的32家行政执法单位工作考核中，该院发现一系列积极变化：各执法部门依法行政理念持续强化，执法操作逐步标准化；行政执法人员违法违纪受纪检监察查处数量逐年递减，行政执法引发的信访总量及其在全县信访总量中的占比均呈下降态势，极大减轻了基层执法信访负担；群众对行政执法工作的满意度也在稳步提升。在肯定成绩的同时，灌云县人民检察院深入剖析工作中的薄弱环节，梳理出40余项机制和实务问题，如监督检查浮于表面、存在利益纠葛隐患、监督介入时机把握不准、检察建议格式及内容不规范等。通过制定有针对性的整改措施，该院精准调整监督策略，突出关键监督要点，集中力量攻克重点领域，创新优化监督方式，推动监督结果更具公信力和权威性。

（四）连云港市海州区行政违法行为检察监督基本情况

海州区人民检察院自2017年以来积极探索开展行政违法行为监督工作，强化对行政执法活动的法律监督，从组织领导到沟通协调，先后推动区委、区人大、区政府出台工作办法，对服务全区发展稳定大局、推进依法行政发挥了积极作用。

一是强化统筹部署，理顺工作路径。加强组织领导，将行政执法监督工作列为"一把手"工程，先后成立了行政执法检察监督理论研究、推进行政执法监督专项工作，以及全区层面的行政执法监督工作、行政执法监督考评和对重点领域执法检查专项活动五个领导小组，建立了行政执法监督办公室，落实内外网络配置及其他办公办案设施，明确专人负责。

注重沟通协调，积极争取配合支持。向区委主要领导作专题汇报，争取政策支持，协调各监督领域关系，努力构建大监督格局，在辖区全面铺开行政执法监督工作；积极向区人大、区政协进行汇报和通报，主动争取支持；及时向市检察院请示报告，争取业务指导和智力帮扶；强化与区司法局、监察委，以及生态环境、应急管理、市场监管等行政执法单位的联系沟通，求得共识，争取理解和配合，形成良性互动，实现互惠共赢，在全区营造浓厚的法治氛围。注重与12345政府热线、《连云港日报》、在海一方论坛等结成共建对子，做好衔接，拓宽社会认知面，放大效应，树好形象。在充分调研、广泛征求意见的基础上，运筹帷幄，统揽全局，着眼长效，拟定并出台了《关于推进行政执法检察监督专项工作实施方案》对当前和今后一个时段的工作作出部署和安排。

二是出台工作机制，强化调查研判。先后推动区人大出台《海州区行政执法检察监督工作实施办法》，推动区委区政府出台《关于推进行政违法行为检察监督，着力优化法治营商环境工作的实施办法》，明确支持检察机关开展行政违法行为监督工作，通过检察机关的法律监督，加上行政机关之前的各项监督，推动形成行政违法行为监督与区委政法委执法监督、区人大执法监督、区政府行政执法监督等各项监督的融会贯通，形成监督的合力。

强化理论研究，检察长参与最高人民检察院、江苏省人民检察院理论课题研究，确立行政执法与行政检察衔接平台搭建、检察机关对行政执法活动的监督、行政执法和行政违法行为检察监督、行政强制措施监督等几个方面的研究课题。多次举办行政执法监督专题研讨会，邀请南京大学、南京航空航天大学、江苏海洋大学、连云港市人民检察院、连云港市中级人民法院的专家、学者、领导，进行开题指导。通过对行政执法监督工作的合法性、必要性、可行性及发展方向和趋势、监督体系构建、监督边界、范围界定等问题进行研讨论证，厘清监督原则、监督范围、监督方式等理论和实践问题，借助高校及专家力量为行政执法监督的科学发展把脉会诊，寻找理论注脚，并在不断研究和升华中指导具体工作，反哺司法实践，形成良性循环。

三是开展专项行动，提升监督质效。开展基层执法领域执法问题专项监督，联合区司法局集中开展专项检查，梳理执法情况，收集监督线索，解决实际问题。通过检查，发现违法违规疏漏监督线索，向相关单位发出检察建议；收集执法单位人员配备不足、职责不明晰、执法方式单一、手段疲软、配套硬件设施落后等问题、意见和建议80余条。将执法检查情况形成专题报告，报送有关领导和部门，提请重视，力求最大限度地解决执法难题，改善执法环境。

如在办理某局与冯某行政征收检察监督案中，发现某局、某街道办事处在未与冯某达成补偿协议也未作出补偿决定的情况下，对其房屋及附属物进行拆除。根据《国有土地上房屋征收与补偿条例》的相关规定，只有直接作出房屋征收决定该市县级人民政府才具有申请法院强拆的资格，其他的机关单位都没有申请法院强制拆除的资格。且在房屋征收补偿决定搬迁期间内被征收人不搬迁、不复议、不起诉的情况下，政府才能向法院申请强制拆除房屋。但是，有的拆迁部门未履行强制拆除法定程序，在与被征收人不能达成一致意见、后续也未作出补偿决定的情况下，在被征收人拒不搬迁且符合法定条件时，甚至在被拆迁方不知情或不同意的情况下径行拆除被征收人房屋。针对类似情况，在辖区开展涉征地拆迁专项行动，就发现的类案违法行为进行分析研判，向住建部门发出了检察建议。

二、各地行政违法行为检察监督探索经验

（一）加强推进行政违法行为检察监督规范性文件制定与完善

鉴于当前针对行政违法行为检察监督的专项法律体系尚显薄弱，部分地方已出台有关行政执法检察监督的条例、办法等文件，具体如下：从中央立法层面审视，现有法律体系虽为行政违法行为检察监督提供了一定框架性支持，但具体条款尚显零散与笼统。具体而言，《宪法》第129条确定了检察机关作为法律监督机关的根本地位，为其行使监督职权提供了坚实的合宪性基础。《人民检察院组织法》第4条则进一步明确了检察院作为我国重要的国家机关，在维护社会主义法治中肩负重要职责，强调了其在国家法治建设中的不可或缺性。《行政诉讼法》第25条第4款赋予检察机关在行政违法行为监督中提起公益诉讼的权力，即在特定情况下，当检察建议等非强制性手段未能有效纠正违法行为时，人民检察院可依法以独立诉讼主体的身份向人民法院提起诉讼，以便公共利益不受侵害。此外，

《最高人民法院关于适用〈中华人民共和国行政诉讼法〉的解释》以及《人民检察院民事诉讼监督规则》等司法解释也间接涉及行政违法行为检察监督的若干内容，但均未能形成系统性、全面性的指导规范。行政违法行为的检察监督体系仅具有"骨架"支撑，还缺乏相应的具体内容予以充实。

在地方立法层面，虽然山东、广东、重庆、四川、湖北、河南、山西、吉林、内蒙古、安徽、湖南、重庆、甘肃、广西、浙江、辽宁等多个地市纷纷出台了《行政执法监督条例》，并指明司法机关为行政执法监督的重要组成力量，结合当地具体情形出台相关条文，但总体而言，这些相关规范较为分散，相关文件内容如表4-1所示：

表4-1 部分地区行政违法行为检察监督实践

发文机关	文件	主要内容
浙江省永康市检察院	《永康市行政执法检察监督暂行规定》（2010年）	对行政乱作为与不作为的行政违法行为亮出利剑，其所涉及范围包含城管、工商、环保、国土等诸多行政执法部门
宁夏回族自治区人民政府与宁夏回族自治区检察院	《宁夏回族自治区行政执法工作与检察监督工作相衔接的若干规定》（2011年）	强调在履行行政违法行为检察监督过程中，检察机关应履行的职责，涉及行政执法和刑事司法等各个方面，对于违法行为（行政强制措施等）通过发出检察意见书，检察建议书，纠正违法通知书，督促起诉意见书等方式予以检察监督
广东省广州市番禺区		广东省广州市番禺区是行政检察促进社会管理创新的试点工作单位，其对行政执法活动的监督机制进行了相关探索，加大对行政执法活动的监管力度，通过发出纠正违法通知书，或工作建议类检察建议书，对行政执法乱作为与不作为进行监督，取得较好进展
吉林省	《全省民事行政检察实现全民推进工作意见》（2013年）	确定了10个方面的内容，行政违法行为的督促与监督为其重要的一项内容，在行政检察监督领域取得了深层次的发展。并建立了相应的保障机制，如对重大违法行为采取通报机制，保证了制度的长效性，建立了系统的监督框架

续表

发文机关	文件	主要内容
四川省蓬溪县检察院	《关于规范行政强制措施检察监督办案程序的暂行办法》（2015年）	主要针对行政强制措施的有关程序性问题予以监督，对该类案件的接收、分配、审查、审批等各个环节进行了具体的规定，但此办法仅针对行政违法行为的诉讼检察监督，并未对具体范围与监督途径予以规定
江苏省镇江市人大常委会	《关于加强行政执法检察监督工作的决议》（2015年）	要求检察机关立足于检察职能，构建违法行为的检察监督制度，对行政机关的违法行政行为或行政不作为依法予以督促纠正
内蒙古自治区苏尼特左旗检察院	《苏尼特左旗院探索开展纠正行政违法行为做法》（2017年）	针对全旗各个执法单位在执法过程中不依照法律、不严格执行法律、以行政处罚代刑事处罚以及相关执法人员的职务性犯罪行为进行监督，并对相关的举报投诉事项予以受理，依照法律的规定进行合法性审查

从表4-1中我们看到，行政违法行为的检察监督在众多地区均得到重视，但无论是在立法层面还是在实践层面，我国对于行政违法行为的检察监督的具体规定与具体实践均相对较少，这与我国检察资源的配置、行政权的特性等多个方面有着密不可分的关系，已有探索中也存在不完善的状态，对行政违法行为的检察监督所涉及的具体问题没有详细的规定，只是从宏观上予以探讨，并不能将行政违法行为检察监督的各个方面囊括其中，这归咎于我国体制的多个方面。

（二）探索行政违法行为检察监督的多元新路径

在全国行政违法行为检察监督的广阔实践舞台上，各地检察机关不仅坚守传统检察建议的阵地，而且更勇于开拓，探索出了一系列新颖且高效的监督路径，在行政检察监督领域迈出了坚实的一步。河北省承德市人民检察院紧跟时代步伐，依托现代信息技术，创新性地构建了"行政执法检察监督"智能平台。该平台通过数据整合、智能分析等手段，极大地提升了监督的时效性和精准度。浙江省慈溪市人大常委会审议并通过《关于加强检察监督意见办理工作的意见》，进一步推进了行政违法行为监督工作。

（三）围绕公共利益边界不断拓展

目前，公共利益边界的界定本身就存在很多说法，加上各地关于监督的范围各不相同，实践中，对于监督范围的界定呈现出多样化的特征。例如，辽宁省检察机关开展的行政违法行为检察监督工作已经涉及公安、工商管理、城管、交通管理、食品药品监督管理、国土资源管理、国有资产管理、医疗卫生管理等诸多关乎民生福祉领域。[①] 有的主要集中于特定的涉及公共利益的行政执法领域。例如，山东省乳山市人大常委会出台的《关于进一步加强民事行政检察监督工作的决议》，明确将检察机关实施法律监督的领域集中在国土、国有资源保护、食品药品安全、生态环境等涉及公共利益的行政领域。一个显著的趋势是，尽管当前监督工作的重心仍主要集中于生态环境和资源保护等领域，并且边界正不断向外拓展，力求实现对各类行政管理活动的全面覆盖。这一趋势不仅反映了检察监督制度在适应社会发展需求方面的灵活性与前瞻性，也预示着未来行政违法行为检察监督工作将更加深入、广泛地融入国家治理体系之中，为公共利益提供更加坚实有力的法治保障。

第二节　行政违法行为检察监督面临的问题及成因

一、我国行政违法行为检察监督面临的问题

（一）监督依据尚且不足

目前，我国大部分宪法学者主张"宪法间接适用论"，即宪法只有通过制定具体的法律规范才能产生适用的效果。我国宪法学者蔡定剑认为，

[①] 参见谢鹏程等：《行政执法检察监督论》，中国检察出版社 2016 年版，第 124～126 页。

宪法作为最高级别的法律规则，它通常规定一些原则，法治国家宪法中的原则性规定都应该有具体的法律加以实施。①

《宪法》第134条从原则上明确了检察机关的法律监督定位。在四种行政检察监督方式中，除了行政违法行为检察监督，都属于《人民检察院组织法》第20条明确规定的人民检察院的职权。同时，《行政诉讼法》第11条、第25条第4款、第93条等也都对除行政违法行为检察监督外的行政检察监督方式进行了明确的规定。除此之外，最高人民检察院等部门还制定了《人民检察院行政诉讼监督规则》《人民检察院公益诉讼办案规则》等，进一步为行政诉讼监督、行政执行监督、行政公益诉讼提供了依据。

我国宪法、法律、行政法规以及地方性法规均对行政违法行为检察监督大多停留于原则性、概括性的层面，缺乏直接且详尽的条款来明确监督的具体程序、实施方式及时效性等，导致在实际操作层面显得力不从心，难以有效指导实践。实践中，各地为弥补这一法律空白，纷纷通过地方人大或检察机关制定相关规则作为监督执行的依据，但这些地方性文件立法层级较低，缺乏足够的权威性和强制力，在内容上也呈现出较大的差异性，甚至存在与上位法相抵触的条款，从而严重影响了监督效果的一致性和有效性。例如，根据我国《立法法》第11条第2项的规定，行政违法行为检察监督属于当前检察机关在行政检察监督领域探索的新型职权，理应由法律进行明确规定，而当前各地的规范性法律文件主要由各地人大常委会或检察机关制定，如此一来，就与《立法法》的规定存在不同。

综上所述，我国现行法律体系对于行政违法行为检察监督的规范不全面，也在一定程度上制约了检察监督职能的充分发挥。因此，加强相关立法工作，完善监督程序，明确监督标准，提升法律规范的针对性和可操作性，已成为推动我国行政检察监督工作向纵深发展的迫切要求。

---

① 参见蔡定剑：《中国宪法实施的私法化之路》，载《中国社会科学》2004年第2期。

（二）监督范围相对狭窄

在深入剖析行政违法行为检察监督制度的内核时，一个不可回避的核心议题便是该制度监督范围的精确界定。这一界定不仅是构筑整个制度框架的基石，更直接勾勒出监督权力的边界与行使的限度。为了确保检察机关在履行法律监督职能时既能充分展现其权威与效能，又能合理尊重行政机关在行使职权过程中的独立性与自主性，对监督范围进行科学、细致且周密的界定显得尤为关键。鉴于行政权力广泛涉及国家社会管理的各个领域，行政行为亦呈现出多样化的表现形式，而行政违法行为检察监督范围相对狭窄，主要体现在以下方面。

一是受特定领域限制。从理论上讲，行政违法行为检察监督在领域上并无明确特定限制，其应覆盖广泛的行政管理范畴。然而在现实中，检察机关受多种因素制约，如人力、物力、专业知识储备等，难以将监督职能全面涉及行政管理的每一个角落。以行政公益诉讼检察为例，其监督范围有着明确的法定领域，像生态环境和资源保护、食品药品安全、国有财产保护、国有土地使用权出让等"4＋N"格局，并且在拓展领域时需遵循严格的法定程序和谨慎原则。与之相比，行政违法行为检察监督虽然理论领域更宽泛，但因缺乏类似明确的重点领域指引，在实践中难以聚焦发力，导致大量行政违法行为游离于监督视野之外。例如，在一些新兴的行政管理领域，如互联网金融监管、共享经济业态管理等，行政违法行为时有发生，但由于监管规则尚在摸索完善阶段，检察机关尚缺乏明确的监督依据和重点导向，难以有效介入。

二是侧重事后监督。行政违法行为监督本质上属于程序性监督，其工作模式通常是在行政行为完成后，依据相关线索对行政行为的合法性进行审查。在行政许可审批过程中，若行政机关存在违反法定审批流程、未依法公示审批信息等程序违法问题，检察机关则往往要在行政相对人获得许可结果后，通过投诉、举报等渠道得知线索，才能启动监督程序，无法在审批过程中及时察觉并纠正违法迹象。这种事后监督模式，使一些行政违法行为在实施过程中未能得到及时制止，导致损害后果持续扩大，既不利于维护行政相对人的合法权益，也影响了行政行为的权威性和公信力。同时，事后监督还可能面临证据收集困难、责任认定复杂等问题，增加了监督工作的难度和成本。

三是对部分行政行为监督不足。忽视行政行为合理性监督：在行政活动中，行政机关被赋予一定的自由裁量权，以应对复杂多变的实际情况。但检察机关在开展行政违法行为监督时，将精力主要集中在审查行政行为是否符合法律法规的明确规定，即合法性审查上，而对行政行为在自由裁量范围内是否合理的监督关注较少。在行政处罚中，法律通常会规定一个处罚幅度，行政机关可根据具体情节在该幅度内决定处罚力度。若行政机关对性质相同、情节相近的违法行为，作出的处罚结果却相差悬殊，即使处罚均在法定幅度内，且未违反合法性原则，但也明显违背了公平合理原则，同样是损害行政相对人的公平感和对行政机关的信任。然而，由于检察机关一般不将此类合理性问题纳入监督范围，导致这种不合理行政行为难以得到有效纠正。

四是对抽象行政行为监督乏力。抽象行政行为是指行政机关针对不特定对象制定发布的具有普遍约束力的规范性文件，如行政法规、规章以及其他相关文件等。这些抽象行政行为一旦违法，其影响范围广泛，危害后果严重。目前，检察机关对抽象行政行为的监督手段相对有限，主要通过在具体案件审查中，发现行政行为所依据的规范性文件可能存在违法问题时，向上级检察机关报告或通过其他间接方式推动相关部门进行审查。这种监督方式缺乏主动性和直接性，对于大量未进入诉讼程序或检察监督视野的抽象行政行为，难以进行全面有效的监督。一些地方政府出台的规范性文件，还可能存在与上位法冲突、限制市场公平竞争等违法问题，但由于缺乏有效的监督机制，这些文件得以长期实施，在一定程度上对经济社会发展产生了负面影响。

五是对内部行政行为监督缺失。内部行政行为是行政机关内部管理过程中产生的行为，如行政机关对其工作人员的奖惩、任免、考核等行为，以及上级行政机关对下级行政机关的工作指导、监督等行为。虽然内部行政行为不直接对外产生法律效力，但它会影响行政机关的整体运行效率和工作人员的积极性，进而间接影响外部行政行为的质量。当前，行政违法行为检察监督主要针对外部行政行为，对内部行政行为的监督基本处于空白状态。行政机关内部存在的不合理考核指标，可能导致基层工作人员为完成任务而采取一些不当的外部行政行为，如过度执法、选择性执法等。由于检察机关无法对这些内部行政行为进行监督，难以从根源上解决外部行政违法行为产生的问题。

【案例七】在陕西省某县人民检察院督促劳动监察部门依法履行农民工工资支付监管职责检察监督案中，检察机关向劳动监察部门、某街道办事处发出行政违法行为监督检察建议，督促其落实属地监管责任，加大工资支付执法监察力度，及时处理欠薪争议案件，保障了37名农民工工资按时足额支付。

综上所述，为了构建一个全面、有效的行政违法行为检察监督制度，必须对其监督范围进行科学、细致的界定。这不仅要求我们将具体行政行为和抽象行政行为、侵害国家利益和社会公共利益的行为以及侵害公民个人权益的行为、行政执法行为和行政司法行为等全面纳入监督视野，还需要在实践中不断探索和完善监督机制，以确保检察机关能够依法、有效地履行其法律监督职能，维护法制的统一和权威，保护行政相对人的合法权益，推动我国依法治国、依法行政进程的深入发展。

（三）监督程序模糊不清

在行政违法行为检察监督工作中，监督程序的明晰程度对监督效能的发挥起着关键作用。就目前实际情况而言，行政违法行为检察监督程序存在诸多模糊之处，给监督工作的有序开展带来了阻碍。

首先，线索发现与受理程序不明晰。一是线索来源渠道缺乏明确规范。依据《中共中央关于加强新时代检察机关法律监督工作的意见》，行政违法行为检察监督线索源于检察机关履行法律监督职责时的发现。然而，对于"履行法律监督职责过程"的界定，在实践中存在多种理解。在刑事检察工作中，若发现行政机关在前期行政执法时存在违法情形，比如公安机关在办理刑事案件过程中，发现行政机关在对相关企业的监管中存在违规审批、监管不力等问题，检察机关能否直接将此作为行政违法行为监督线索，不同地区的检察机关操作不一。有的认为刑事检察与行政检察业务有别，不应直接转化；有的则积极探索跨业务线索移送机制。同时，对于社会公众举报、其他机关移送线索的具体接收、处理流程，也缺乏详细规定。当普通民众发现行政机关在城市规划建设中存在违规拆迁、未依法进行环境评估等违法行为并向检察机关举报时，不清楚该向检察机关的哪个部门反映，检察机关内部也没有统一规范的登记、分流流程，容易导致线索的遗漏或延误处理。二是线索筛选与受理标准不统一。检察机关获取线索后，在筛选和决定是否受理环节，缺乏明确统一的标准。对于何种程度的行政违法线索具有监督价值，实践中存在较大差异。在行政处罚领域，有的检察机关认为只要行政机关作出的处罚决定存在程序瑕疵，如处罚告知书送达时间稍有延迟，就应受理监督；而有的检察机关则认为需程序瑕疵达到严重影响行政相对人合法权益，或存在明显实体违法，如处罚幅度严重超出法定范围时，才予以受理。这种标准的不统一，使一些地区行政违法行为监督案件数量忽多忽少，影响了监督工作的稳定性和权威性。同时，对于涉及多个行政机关、法律关系复杂的线索，各检察机关在判断是否属于自身监督范围时，也缺乏明确指引，容易出现推诿或争抢线索的情况。

其次，调查核实程序存在缺失。一是调查手段有限且缺乏明确授权。检察机关在对行政违法行为线索进行调查核实时，面临调查手段不足的困境。与监察机关、公安机关等拥有较为丰富的调查权限不同，检察机关在行政违法行为监督中的调查手段缺乏明确的法律授权。在调查行政机关的行政决策过程是否违法时，若行政机关以涉及内部工作机密为由，拒绝提供相关会议纪要、决策依据等资料，检察机关则难以采取有效措施获取证据。虽然理论上检察机关可以通过询问相关人员、查阅公开资料等方式调查，但在实际操作中，这些手段往往受限。比如，询问行政机关工作人员时，可能遭遇不配合的情况，而公开资料又难以全面反映行政行为的真实情况。此外，对于检察机关能否采取技术调查手段，如大数据分析行政机关执法数据以发现违法线索，目前也没有明确规定。二是调查程序规范缺失。在调查核实过程中，缺乏详细的程序规范。对于调查的期限，目前没有明确规定，导致一些案件调查周期过长，影响行政相对人权益的及时维护，也降低了行政效率。在调查取证的方式上，缺乏对证据合法性、关联性、真实性的具体审查标准和操作流程。在收集证人证言时，对于证人的资格审查、询问方式、笔录制作等方面，没有统一规范，容易导致证据在后续监督程序中因合法性存疑而无法使用。同时，对于检察机关在调查过程中与行政机关的沟通协调程序也不明确，当检察机关要求行政机关协助调查时，行政机关以各种理由拖延或拒绝协助，缺乏相应的制约机制。

最后，监督决定作出与执行程序不完善。一是监督决定形式多样且适用情形不明确。检察机关针对行政违法行为作出的监督决定形式多样，如检察建议、纠正违法通知书等，但这些监督决定的适用情形缺乏明确区分。在实践中，对于行政违法行为何种应制发检察建议书，何种应使用纠正违法通知书，各地区检察机关做法不一。在一些行政不作为案件中，有的检察机关认为情节较轻的适用检察建议书，情节严重的使用纠正违法通知书；但有的检察机关则认为无论情节轻重，都可根据具体情况选择其中一种监督方式。这种适用情形的不明确，导致监督决定的权威性和严肃性受到影响，行政机关对于不同形式监督决定的重视程度也有所不同。二是监督决定执行缺乏有效保障机制。行政机关收到检察机关的监督决定后，执行情况缺乏有效监督和保障机制。虽然部分地区规定了行政机关应在一定期限内回复整改情况，但对于行政机关无正当理由拒不执行或执行不到位的情况，缺乏有力的制约措施。当行政机关对检察建议置之不理时，检察机关除了向上级机关反映或通过其他间接途径督促，没有直接的强制执行权或其他刚性手段。这使一些行政违法行为即使被检察机关发现并提出监督意见，也难以得到有效纠正，严重削弱了检察监督的效力。同时，对于监督决定执行效果的评估标准也不明确，难以判断行政机关的整改是否真正达到了纠正违法行为、规范行政行为的目的。

（四）监督方式缺乏效力

当前，我国各地在实践中逐步探索并确立了以制发检察建议书、发出纠正违法行为通知书以及提起行政公益诉讼为主要形式的监督方式。从本质属性来看，检察建议被视为一种针对行政执法活动的综合性检察监督手段。[1]

2019年2月，最高人民检察院颁布了《人民检察院检察建议工作规定》，详细阐述了制发检察建议的相关内容，但其重点主要集中在诉讼活动与执行活动的监督上，对于行政违法行为的检察监督则未作具体规定。因此，检察建议的完善需从两个方面着手：一是拓展其适用范围，二是跟进监督的相关程序。

纠正违法行为通知，可追溯至《刑事诉讼法》的相关规定，特别是该法第100条和第209条，规定了检察机关在诉讼过程中发现人民法院和公安机关存在违法行为时，应通知其纠正。值得注意的是，《人民检察院检察建议工作规定》中提到的检察建议类型之一即为纠正违法检察建议，这表明两者虽名称不同，但实质相同，均属于程序性建议，对行政机关不具有强制约束力。

上述监督方式存在的问题，导致了监督效力的弱化，难以产生实质性

---

[1] 参见杜睿哲、赵潇：《行政执法检察监督：理念、路径与规范》，载《国家行政学院学报》2014年第2期。

的监督效果。

二、我国行政违法行为检察监督的困境成因

自2014年党的十八届四中全会以来，全国各地行政违法行为检察监督的试点探索工作便如火如荼地展开，虽然当前实践中存在一些问题和不足，但在实践探索中存在这些问题和不足也是正常的，试点工作本来就是在"摸着石头过河"，目的就是在实践中吸取教训，总结经验，为未来的工作做好铺垫。

（一）国家试点尚未统一部署和启动

党的十八届四中全会于2014年首次正式提出行政违法行为检察监督这一重要概念，其核心要义在于通过科学的顶层设计，合理配置法律关系中的权利义务，有序调整各方利益格局，从而构建规范、有序的法律秩序。然而历经多年，我国至今仍未形成一套统一且完备的行政违法行为检察监督制度体系。深入剖析其原因，主要涉及国家制度层面的两大关键因素：一方面，当前关于行政违法行为检察监督的规定分散于各类法律法规之中，缺乏一部专门性、系统性的法律对其进行全面规范。这些零散的法律条文多为原则性表述，在监督范围界定、监督程序设置、监督手段运用等方面缺乏明确且细化的规定，导致实践中检察机关在开展监督工作时常常面临法律依据不足、操作标准不统一的困境。同时，不同法律条文之间缺乏有效的衔接与协调，使监督工作在实际推进过程中容易出现漏洞与空白。另一方面，权力配置与运行机制存在制约。在我国的权力架构体系中，行政权与检察权各自承担着不同的职能，行政机关出于维护自身行政效率与管理自主性的考虑，对外部监督存在一定的抵触心理，而检察机关在开展监督工作时，若把握不好监督的力度与尺度，易引发行政机关的质疑，被认为存在干预行政权正常运行的风险。此外，检察机关在监督过程中往往较为谨慎，不敢过度介入。

第十三届全国人民代表大会第一次会议于 2018 年 3 月 20 日通过了《中华人民共和国监察法》，并于同年 10 月 26 日修订了《中华人民共和国人民检察院组织法》。特别是在《人民检察院组织法》修订过程中，尽管修订草案二次审议稿曾对行政违法行为检察监督作出规定，但最终这一条款被删除。

当前行政违法行为检察监督制度仍停留在中央政策层面，以公益诉讼制度为例，该制度同样在 2014 年党的十八届四中全会上被提出，随后在 2015 年最高人民检察院发布《检察机关提起公益诉讼试点方案》，并在 13 个省区市进行了为期两年的统一试点。2017 年正式建立了公益诉讼检察制度。相比之下，行政违法行为检察监督制度虽然自 2014 年便被明确提出，并多次出现在中央文件中，但遗憾的是，该制度的试点工作未进行统一部署。

（二）缺乏专业性对理论研究的投入

自 2014 年我国启动行政违法行为检察监督制度以来，尽管实践已有所推进，但理论根基尚显薄弱，尤其体现在检察机关内部，部分人员对行政违法行为检察监督的核心理念理解不深，易将其与其他行政检察监督制度，尤其是行政公益诉讼制度相混淆。

当前，多数地方检察机关在理解上存在偏差，或将两者等同视之，或主张将行政违法行为检察监督融入公益诉讼框架内考量。这凸显了部分检察机关对该制度理论认识浅显，对发展方向把握不准确。《中共中央关于加强新时代检察机关法律监督工作的意见》明确区分了行政检察监督与公益诉讼检察作为两种独立制度，进一步证实了两者间的本质差异。

（三）行政机关依法行政意识与现代化法治水平存在差距

首先，检察建议得不到足够重视。检察建议作为行政违法行为检察监督的程序性权力结果，其效力依赖行政机关的尊重与采纳。根据《人民检察院检察建议工作规定》第 19 条，被建议单位应在法定期限内回应并处理。但整体情况不容乐观。以某省为例，2019 年与 2020 年行政机关的回复率不足 30% 和 45%，显示出行政机关对检察建议的回应不足。部分地区虽表现出采纳率高，但存在回复内容缺乏针对性，整改不深入不彻底等问题。因此，行政机关应转变观念，配合检察机关，针对检察建议内容认真整改落实。

其次，行政机关在依法行政建设方面存在不足。行政违法行为检察监督旨在保障法律正确实施，维护法治统一，直接目的是纠正行政机关违法行为，促进行政机关依法行政。然而，当前法治政府建设中，行政机关要自觉遵守法律法规，严格按照法定程序行使权力，以减少违法行为。

最后，行政机关内部监督纠正力度欠缺。2018 年《监察法》出台后，行政监察部门并入国家监察机关，行政机关内部专门监督部门仅剩审计部门。根据《法治政府建设实施纲要（2021—2025 年）》的要求，行政机关应探索内部纠正制度，积极主动纠正自身行政违法行为，形成监督合力。

第三节　行政违法行为检察监督的边界考量

《中共中央关于全面推进依法治国若干重大问题的决定》《中共中央关于加强新时代检察机关法律监督工作的意见》赋予了检察机关行政行为监督范畴的全覆盖。在各地检察机关积极探索推进该项工作的进程中，与先期已开展的行政公益诉讼工作存在诸多交集。如何处理两者的关系，是亟须关注的一个问题。

一、行政违法行为监督与行政公益诉讼的概念区分

随着经济、社会的发展，政府职权与行政管理的范围也在不断扩大，政府职权扩展到经济社会发展的各个领域。要避免对行政权的滥用，就需要以权力制约权力与以权利制约权力相辅相成，形成一套相对完善的制度

机制。就目前我国现有对行政权的监督来看，有行政机关内部监督、司法监督、人大监督等。行政机关内部监督自上而下，系统内目标一致；由于舆论监督的不确定性，法院监督的滞后性等因素，只有公权力制约公权力，才能形成制衡的效果，由此检察权的监督应运而生。基于当前社会法治的实际情况和检察机关的法律监督属性，检察机关对政府机构及其人员执法的合法、合理性，法律程序的正当性实行必要的程序性监督，但不能对实体问题、实体权力作出最终处分，必须遵循社会权力相互制衡的基本规律。

　　行政违法行为监督是人民检察院在履行职责时，发现行政机关违法行使职权或者不行使职权的，依法督促其纠正的法律监督活动，是党中央赋予检察院的职责要求。行政违法检察监督，使检察机关的法律监督范围从诉讼领域内向诉讼领域外扩展，检察权监督的内涵进一步充实，属于法律监督基本情形。检察权对政府行政行为的监督，符合依法治国和国家治理体系现代化建设的新要求。各地依法规范开展行政违法行为监督，既要充分发挥检察职能，积极行使法律监督权，也要符合行政权和检察权的运行模式，不缺位、不越位、不错位。

　　行政公益诉讼的目的在于维护受损的"两益"，其特色是"可诉性"，通过诉讼实现对行政权的刚性监督，主要包含两个环节：一是诉前阶段。先向行政机关发出诉前检察建议，是一种合法的、必要的、前置的处理程序，是对国家行政权的尊重，是提起公益诉讼的必经环节。二是提起诉讼阶段。它是对诉前检察建议发出后的跟进监督，如果检察机关发现诉前检察建议发出后，行政违法行为并没有得到纠正，"两益"受损的状态仍在持续，在期限届满后依法向人民法院提起诉讼。

二、行政违法行为监督与行政公益诉讼的共性分析

　　两者都是对行政行为的监督，尤其关注损害国家利益、影响社会公共利益的生态环境、自然资源保护、国有土地保护等方面。

(一) 从目标看具有重合性

行政违法行为监督，是对行政机关在违法行使职权或不行使职权时，通过检察建议来督促行政机关依法行政，以依法履职、规范履职、文明履职来促进法治建设，同时更好地维护当事人的合法权益，维护国家公权力的公信力和权威。

行政公益诉讼是检察机关履行法律监督职责和参与社会治理的重要方式，从检察监督的本质及目标看，也是督促行政机关依法及时履职或纠正违法行为，诉前检察建议也是通过建议这一"柔性"监督的方式，追求法律监督效果，实现与行政机关的多赢双赢共赢。

故行政违法行为监督和行政公益诉讼在目标上具有重合性，只是侧重点不同。

(二) 从权力性质看具有一致性

行政违法行为监督与行政公益诉讼皆源于行政违法行为，本质上并不相悖。以行政公益诉讼的诉前检察建议为例，无论是外在形式，还是具体内容，均属于对行政违法行为的监督范畴。但行政公益诉讼与行政违法行为的最大不同之处在于，是否具有可诉性，行政公益诉讼属于公诉范畴的进一步扩张。同时，并不是每一个行政公益诉讼都拥有完整的法律构造，多数行政公益诉讼案件也都停滞在诉前阶段，办理前置程序与启动诉讼程序存在相继性，诉前制发检察建议阶段便是对行政违法行为的监督，因此，行政公益诉讼只有进入实质性的诉讼环节，才能更多反映出检察机关公益代表的角色定位。

(三) 从监督方式看具有相似性

两者都采用检察建议方式，针对履职过程中发现的行政机关不行使职权，或者违法行使职权。案件受理后，经过调查核实，对于需要监督纠正的，都通过制发检察建议的方式来实现，从这个层面来看，行政公益诉讼和行政违法行为监督方式在某些方面具有同一性。对于接受监督的行政机关而言，并不因此存在纠错机制上的不同，也不存在对监督主体认知上的困惑。

（四）从监督领域看具有包含性

行政公益诉讼案件的范畴具有法定性，包含环境和资源保护等，目前共涉及15个领域，案件范围也在不断拓展。而行政违法行为监督的对象，从目前出台的文件看，涉及具有行政职能的所有行政机关，没有领域限制。总体上看，行政违法行为监督领域在涉"公益"方面，与行政公益诉讼在管辖范围方面存在重合，综合考虑是否涉及"公益"，是否具有"可诉性"，才能对两者的监督领域进行划分。

三、行政违法行为监督与行政公益诉讼的不同之处

（一）权力属性不同

1. 有无直接法律依据不同。行政公益诉讼有明确的法律依据，《行政诉讼法》第25条第4款明确规定人民检察院的行政公益诉讼的职责权限和职能范围。随着公益诉讼工作的不断拓展，一些单行法律法规也规定了涉及检察机关开展公益诉讼的法律条款。而行政违法行为监督，虽然有国家层面的政策规定，个别法律也有涉及，如《治安管理处罚法》第114条。但行政违法行为检察监督到目前来说，还没有直接的法律依据。然而，随着党中央文件的出台，最高人民检察院的行政检察亦将行政违法行为监督纳入工作要点，各地积极开展探索，通过人大、党委政府出台相关的文件来支持检察机关开展行政违法行为监督。如笔者所在的连云港市海州区人大出台《海州区行政执法检察监督工作实施办法》，区委区政府出台《关于推进行政违法行为检察监督，着力优化法治营商环境工作的实施办法》，明确支持检察机关开展行政违法行为监督工作，通过检察机关的

法律监督，加上行政机关之前的各项监督，推动形成行政违法行为监督与区委政法委执法监督、区人大执法监督、区政府行政执法监督等各项监督的融会贯通，形成监督的合力。

2. 对行政权的限制不同。从行政公益诉讼制度的设计原理看，诉前程序可以有效纠正行政违法行为，从而有效保护公益，加之提起诉讼程序可以充分保障诉前督促程序落到实处，满足检察建议的刚性要求。检察机关在行政公益诉讼诉前程序启动后，在检察建议得不到有效落实时，通过法院的审判达到对行政权的刚性约束，起到对实体制约的作用。

行政违法行为监督则更多围绕具体行政行为与行政部门进行协商、研究，侧重于程序性监督，不介入具体的行政权的行使，而是通过检察建议推进问题的解决，是对行政机关执法权的柔性监督。在这一监督过程的设计中，不依托诉讼监督，没有诉讼程序的支撑，以柔性监督的方式开展对行政行为的监督，推动检察机关、行政机关在司法监督、信息共享等方面达成共识，促进行政执法事前事中闭环管理，帮助行政机关打通治理短板，从源头预防类似行政违法行为的重复发生，更好更有效地支持和促进法治政府建设，督促各行政机关依法行政，以保障行政权的正确有效行使。

（二）监督的对象、范围不同

行政违法行为监督中，检察机关监督的对象相当广泛，甚至可能覆盖全部具备行政职能的行政部门。行政违法行为监督是在履行法律监督职责过程中，对政府管理、体制运作中的问题，以及涉及行政执法中的法律法规适用不统一，或适用有错误的环节进行针对性的监督，以促使行政执法的统一。行政违法行为监督通过与"行政"的紧密联系，在办理案件过程中发现普遍性、倾向性、共同性的法律适用或社会治理问题，制发检察建议来督促其纠正，以推进法治政府的进程。而行政公益诉讼监督的对象相对比较狭窄，局限于特定领域的"两益"受损。

两者监督的范围不同。一是行政公益诉讼的监督范畴有着清晰界定，然而相较于行政违法行为监督，其范围相对较窄。在法律依据方面，《行政诉讼法》直接赋予了检察机关开展行政公益诉讼的权力。与此同时，全国人大常委会在对相关法律进行修改以及制定新法律的过程中，通过单行法，以设立或增设公益诉讼条款这种方式，相继授权检察机关在11个全新领域开展公益诉讼监督及案件办理工作。行政违法行为监督是对行政行为直接开展监督，涉及行政权的各个领域，对个案的当事人的权益产生直接影响，无论是监督的广度还是领域，较之行政公益诉讼都有全面的提升和拓展。但需要注意的是，虽然没有了范围和领域的限制，但在行政违法行为监督过程中，还是要保持一定的度，不能介入行政权的具体运行过程，而代行行政机关的行政权力。特别是在具体的行政行为案件中，如果当事人对行政机关的行政行为不服，启动行政复议或者进入了诉讼程序，检察机关则不宜再进行监督。

二是行政违法行为检察监督，不要求具体行政行为损害"两益"。根据《行政诉讼法》第25条、《最高人民法院、最高人民检察院关于检察公益诉讼案件适用法律若干问题的解释》第4条的相关规定，行政公益诉讼的启动，要具备法定领域内行政机关违法行使职权或者不作为侵害了"两益"这个必要条件。

（三）监督方式不同

行政公益诉讼有着一套完整且多元的监督方式。当检察机关发现可能存在损害国家利益或社会公共利益的行政违法线索后，首要步骤便是立案。立案意味着检察机关正式启动监督程序，其会通过向行政机关送达立案决定书，告知行政机关相关情况，表明检察机关已对该事项予以关注并着手调查，与行政机关就如何及时、充分履职等问题进行沟通和会商，通过制发检察建议书，监督行政机关进行及时整改。行政公益诉讼在案件办理后，如果行政机关积极整改，保护了"两益"，程序就终止。在诉前检察建议，行政机关并没有整改或整改不到位的情况下，依托法院的审判职能,取得对行政行为的刚性制约,把行政机关违法或不作为的行为诉至法院,其刚性依托于法院。

行政违法行为检察监督的方式主要是制发检察建议,根据行政违法行为的不同情形,具体问题具体分析,对存在的问题有针对性地提出检察建议,促进依法规范履职。如对于增加行政相对人法定义务或减损其合法权益的行政处罚决定,可建议行政机关予以变更或撤销;对于其他违法程度较轻的行政行为,如处罚决定书中对于复议权和诉讼权的表述不清或错误等问题,可以提出备案纠正、内部改正、补正等类案监督的检察建议,来帮助行政机关完善监管或不规范的共性问题,提高行政机关对检察建议的认可度和采纳度。行政违法行为检察监督,虽然可以依据具体的情形制发检察建议,但建议能否得到采纳还取决于行政机关自身。检察机关在建议得不到采纳时,虽然没有诉的强制性,也可以通过上一级检察机关督促上一级行政机关加强内部监督制约指导,以实现行政违法行为监督的预期效果。

从具体的监督方式上看,行政公益诉讼一般采取诉前磋商、诉前检察建议、提起诉讼等方式;行政违法行为监督主要采取纠正违法检察建议、改进工作检察建议、社会综合治理检察建议、提交年度分析报告等方式。两者的不同之处在于后续的保障和跟进,检察建议发出后,在规定的时间内行政机关不回复、不采纳检察建议的,或者没有实际整改落实的,行政公益诉讼可直接进入诉讼环节,有法律层面的强制性保障手段,真正利用公共利益代表的身份来实现监督目的。而行政违法行为监督,在检察建议未获采纳,或虽然采纳,但是履职不到位等情况,无法进入诉讼程序,只能通过跟进监督、接续监督的方式,借助上级行政机关或人大、政府的力量。

四、从是否具有"可诉性"划定行政违法行为监督和行政公益诉讼的边界

分析行政违法行为监督和行政公益诉讼的异同,在实际的工作中,两

者之间存在交叉，特别是基层检察机关，公益诉讼部门和行政检察部门，通常隶属一个检察部，尤其是在人员紧缺的情况下，如何把握好两者之间的边界，也是值得关注的重要问题。以下笔者从是否具有"可诉性"来分析行政违法行为监督和行政公益诉讼的介入问题。

（一）行政行为具有"可诉性"

在行政机关违法行使职权或不行使职权，侵害了公共利益，如果检察机关通过检察建议的方式督促行政机关履职，行政机关在规定时间内未依法履行监管职责，使公共利益未得到妥善保护，则根据目前的法律规定和地方实践，具有"可诉性"，检察机关通过行政公益诉讼来履行法律监督职能。2015年试点到现在九年多的时间，公益诉讼法定领域也从最初的生态环境和资源保护、食品药品安全、国有财产保护、国有土地使用权出让四大领域，逐步拓展到包括英烈保护、未成年人保护、安全生产、军人地位和权益保障、个人信息保护、反垄断、反电信网络诈骗、农产品质量安全、妇女权益保障等领域，呈现出"4＋N"的开放态势。[1]而且随着经济社会的发展，越来越多的领域成了公益诉讼拓展的范围领域。拓展公益诉讼案件范围既是检察机关全面保护公益的现实需要，也是检察公益诉讼制度进一步发展完善的必然要求。解决突出问题是实现法律监督资源合理配置的重要导向，有利于提升监督效能、实现监督效果最大化。界定突出问题应当以社会舆论关注度、人民群众关切度为标准，综合考虑受损程度、范围及持续性等，包括但不限于涉及面广、损害程度大以及长期存在的"老大难"问题。[2]

---

[1] 参见董凡超：《以"加减乘除"小切口做好政法为民大文章》，载《法治日报》2023年3月15日，第4版。

[2] 参见徐贝：《准确把握积极稳妥拓展公益诉讼案件范围的内涵》，载《检察日报》2022年4月21日，第7版。

（二）行政行为不具有"可诉性"

行政机关违法行使职权或者不行使职权，使个人或单位的权益受到侵害，没有侵害到公共利益，则对于检察监督来说不具有"可诉性"，检察机关此时的监督，以行政违法行为监督为妥。但是行政行为如果侵害了个人或单位的利益，也存在由行政相对人提起行政诉讼的可能，根据所处的诉讼环节不同，检察机关对于行政违法行为的监督可以用不同的方式体现。

1. 未进入诉讼程序的案件。行政机关违法行使职权或不行使职权，在没有侵害公共利益的情况下，不具有"可诉性"，属于行政违法行为监督范畴，检察机关可以通过向行政机关制发检察建议方式督促行政机关及时履职或及时整改，挽回损失。在开展行政违法行为监督中，仅对行政行为的合法性予以审查，不对合理性进行判断，围绕行政行为是否超出了其法定职权范围，程序是否正当合法，行政主体是否适格，是否存在主要事实不清、证据不足等问题开展监督。既可以个案监督，也要敏于发现共性问题，进行类案监督。如海州区人民检察院对征地拆迁过程中的签署空白协议、未达成拆迁补偿协议的情况下没有及时作出裁决等共性问题，向职能部门发出检察建议，督促纠正违法行为。目前，行政违法行为监督工作也在积极、稳妥推进中，2023年1—11月，全国发出行政违法行为监督检察建议2.9万件，而同期行政公益诉讼案件15.8万件。

2. 进入诉讼程序的案件。行政行为已经作出，进入诉讼程序，法院尚未判决的情况。在传统的监督模式中，在这一环节，检察机关是不可以介入的，需要等到法院判决以后，才可以通过行政生效裁判监督的方式进行监督。在这里，如果当事人就行政机关的行政行为到法院提起行政诉讼，而该行政行为又同时侵犯了公共利益，检察机关已经同时提起行政公益诉讼，则法院可以并案处理，检察机关在此种情况下，仍然是以行政公益诉讼的方式参与。

3. 诉讼程序终结的案件。在法院判决生效后，可以通过对生效裁判的监督实现行政违法行为监督的价值。在行政诉讼案件的监督过程中，对于私益受损，通过提起诉讼，寻求法律帮助后，法院不支持诉请的案件，当事人如果认为行政机关侵犯了其合法权益，对法院判决不服，可以申请检察机关监督。这也就是传统意义上的行政检察的主要职能，即对行政生效判决和裁定的监督。也是对行政行为是否违法的事实认定进行综合性的审查，最终根据案件的具体情况，分别作出不同结论。如海州区人民检察院办理的屠某检察监督案，屠某因被冒名婚姻登记将民政部门起诉至法院，因超过诉讼时效，起诉未被受理。到检察机关申请监督，经调查核实，检察机关向民政部门发出检察建议，督促民政部门及时撤销错误的婚姻登记，通过行政违法行为监督维护当事人的权益。同时，检察机关牵头开展行政争议化解工作，通过检察机关的参与，化解申请人和行政机关的矛盾纠纷，实现对申请人利益保护的最大化。再如海州区人民检察院办理的刘某征地拆迁行政诉讼案，虽然未支持监督申请，但是牵头住建、街道等部门，多次召开协调会，促成刘某和政府达成协议，解决了十余年的行政纠纷。

第五章　行政违法行为检察监督的制度设计

第一节　行政违法行为检察监督的依据

一、政策依据

《中共中央关于全面推进依法治国若干重大问题的决定》明确指出："检察机关在履行职责中发现行政机关违法行使职权或者不行使职权的行为，应该督促其纠正。"《法治政府建设实施纲要（2015—2020年）》明确要求，"检察机关对在履行职责中发现的行政违法行为进行监督，行政机关应当积极配合"。《中共中央关于坚持和完善中国特色社会主义制度　推进国家治理体系和治理能力现代化若干重大问题的决定》提出，"坚持和完善中国特色社会主义法治体系，提高党依法治国、依法执政能力""加强对法律实施的监督"等。2021年《中共中央关于加强新时代检察机关法律监督工作的意见》，要求检察机关"在履行法律监督职责中，发现行政机关违法行使职权或者不行使职权的，可以依照法律规定制发检察建议等督促其纠正"。党的二十大报告明确提出，"加强检察机关法律监督工作。"以上就是检察机关开展行政违法行为检察监督的政治基础和政策依据。

二、法律依据

《宪法》和《人民检察院组织法》明确规定检察机关是国家的法律监

督机关。在人大行使立法权的前提下，行政机关、审判机关、检察机关由人大产生，对人大负责，分别行使行政权、审判权、法律监督权，检察机关的主要职责是维护宪法和法律的统一正确实施。既包括对审判机关的司法监督，也包括对行政机关的执法监督。另外，一些单行法也体现了检察机关对行政违法行为的检察监督职能。

《治安管理处罚法》第114条规定，任何单位和个人遇到公安机关处理治安案件，不严格执法或有违法行为时，可以向检察机关检举控告。《人民警察法》第42条规定："人民警察执行职务，依法接受人民检察院和行政监察机关的监督。"《行政诉讼法》第25条第4款规定了行政公益诉讼制度，同时界定了其适用范围，即检察机关在履行职责中发现的，对生态环境和资源保护、食品药品安全、国有财产保护、国有土地使用权出让等领域负有监管职责的行政机关违法行使职权或不作为，导致国家或社会公共利益受损的情形。检察机关以制发检察建议为方式的诉前程序，是检察机关根据法律的明确规定，通过非诉讼的方式，对部分领域的行政违法行为进行监督，它是一种特殊的对行政违法行为的监督。

三、理论依据

洛克的有限政府理论堪称行政违法行为检察监督制度极为关键的理论根基。在社会发展进程中，人类基于维持社会秩序、保护自身自然权利的需求，彼此共同让渡出一部分权利，进而创设出一种凌驾于个体之上的机构，即政府。不过，政府权力绝非可以肆意扩张，究其根源，在于人们所让渡的仅仅是部分权利，一旦政府权力毫无节制地膨胀，必然会对那些未让渡出去的权利构成侵害。毕竟，设立政府的初衷乃是为了保障公民权益，要是对政府权力不加以约束，就会陷入一种本末倒置的困境，致使公民的自然权利难以得到有效保障。鉴于上述原因，对政府权力予以限制就成为一种必然趋势。而限制政府权力的途径，主要涵盖内部的分权制衡以及外部监督这两种方式。其中，行政违法行为检察监督便是为达成有限政府目标所采用的一种外部监督形式。检察机关通过对行政违法行为展开监督，能够及时察觉并纠正政府在行使权力过程中出现的违法违规行为，促使政府权力在合法合规的框架内运行，从而切实保障公民权利，维护社会公平正义，让政府真正回归到为人民服务、保障自然权利的本质职能上来。

当前，我国构建起了丰富多元的行政执法监督体系。人大监督意义重大，作为国家权力机关，人大通过立法、审议报告、执法检查等，确保行政执法合法合规、顺应民意。行政机关内部监督包含上级对下级的层级监督，以及监察、审计等专门监督，以此规范内部执法。审判机关监督依靠行政诉讼，审查行政行为合法性，裁判纠正违法行政，推动执法提质。检察机关作为法律监督机关，对行政违法行为可以进行法律监督。另外，党的监督确保行政执法政治方向正确。民主党派通过协商、提建议等方式监督。舆论与媒体借助传播力曝光违法执法，形成舆论压力。人民群众直接举报、投诉问题。众多监督形式彼此配合，全方位保障行政执法依法依规开展。

下面介绍几种主要的监督方式：一是人大监督拥有代表多元，兼具民主性优势的同时，因审议范围广，行政机关内部事务的专业性，以及人大代表自身的非专职性，会产生其效能尚未充分释放，可能存在人大监督流于形式[1]。二是行政机关内部监督具有时效性优势，能精准把控执行环节，但公开性与透明性有待提升。由于行政机关内部的监督机制不具有足够的精准和公开性，并且缺乏有效的公开透明的途径和方式。在行政相对人看来，这种监督就缺乏一定的公信力，甚至由于不满而引发信访。三是审判监督为法治保障，其权威性明确，但作为事后环节，在实际执行中面临资源调配、协调机制等方面的挑战，比如法院行政判决执行起来困难重重。四是检察监督有理有据。《宪法》赋予检察机关监督行政机关的权力，使

---

[1] 参见韩成军：《刍议具体行政行为检察监督的正当性》，载《社会科学战线》2014年第4期。

检察权作为一种独立运行的监督权，行使对行政机关监督的职能，并且专门化的行政行为监督形式正成为主流。因此，我国检察机关对行政执法行为进行检察监督，符合世界发展的趋势[①]。

第二节 行政违法行为检察监督的原则

一、合法性原则

行政违法行为监督的合法性原则，是确保监督活动有序、有效开展，维护法治秩序的基石，在整个行政监督体系中占据着核心地位。它犹如一座灯塔，为行政违法行为监督的实践指引着正确的方向，贯穿于监督活动从启动到终结的每一个环节。合法性原则不仅是对监督权力来源的正当性要求，更是对监督行为全过程的规范与约束，其目的在于保障行政权力依法运行，保护公民、法人和其他组织的合法权益，维护法律的尊严与权威。

合法性原则首要体现在监督主体的合法性上。在我国，检察机关作为行政违法行为监督的重要主体，其法律监督地位由《宪法》明确赋予。《宪法》第 129 条将检察机关的法律性质确定为"国家法律监督机关"，这一根本性的规定为检察机关开展行政违法行为监督工作奠定了坚实的宪法基础。此外，《人民检察院组织法》等相关法律进一步细化了检察机关的职能和权限，使检察机关在实施行政违法行为监督时有了具体的法律依据。这种从根本大法到具体组织法的规定，构建起了一套完整的法律体系，确保了检察机关作为监督主体的合法性与权威性。只有监督主体具备合法身份，其实施的监督行为才具有法律效力，才能得到社会各界的认可与尊重。

---

① 参见田野：《行政执法检察监督的发展与界限——行政执法与检察监督机制研究研讨会观点综述》，载《人民检察》2015 年第 16 期。

监督依据的合法性同样至关重要。检察机关对行政违法行为进行监督，必须严格依照法律规定的程序和条件来确定监督的范围和方式。例如，《关于人民检察院在履行行政诉讼监督职责中开展行政违法行为监督工作的意见》明确指出，检察机关在履行行政诉讼监督职责中，发现行政机关存在"超越职权""主要证据不足""适用法律、法规错误""违反法定程序""明显不当""不履行或怠于履行职权"等违法行使职权或者不行使职权的情形，符合相应条件且确有必要的，才可以启动行政违法行为监督程序。这一规定清晰地界定了检察机关开展行政违法行为监督的范围，使监督工作有章可循。同时，该意见还对监督方式作出了规定，如通过制发检察建议等方式督促行政机关纠正违法行为。这些规定不仅规范了检察机关的监督行为，也为行政机关接受监督提供了明确的指引，确保监督活动在法律的框架内进行，避免监督权力的滥用。

监督程序的合法性是保障监督活动公正、公平的关键。从案件线索的受理、调查核实，到作出处理决定以及后续的跟踪反馈等各个环节，都必须严格遵循法定程序。以线索受理为例，检察机关应按照规定的渠道和方式接收线索，对于公民、法人或其他组织的举报，要依法进行登记和审查。在调查核实阶段，必须严格遵守相关法律法规关于调查手段、证据收集等方面的规定，确保获取的证据合法、有效。在作出处理决定时，要充分保障行政机关的陈述、申辩权，对行政机关提出的意见进行认真审查。只有严格按照法定程序开展监督工作，才能保证监督结果的公正性和权威性，避免因程序瑕疵导致监督工作的公信力受到损害。

合法性原则对行政违法行为监督的重要性不言而喻。它是监督工作的生命线，是实现行政法治的必然要求。在实践中，只有始终坚守合法性原则，行政违法行为监督才能真正发挥其应有的作用，促进行政机关依法行政，维护社会公平正义。倘若监督活动违背了合法性原则，不仅无法实现监督目的，反而可能扰乱正常的行政秩序，损害法律的尊严，引发社会公众对法治的信任危机。因此，无论是从理论层面还是实践角度看，合法性原则都应被视为行政违法行为监督工作的核心原则，并得到严格贯彻与执行。

二、有限性原则

行政权作为国家权力的重要组成部分，其触角广泛延伸至社会生活的各个领域与方面，涵盖了从宏观调控到微观管理的众多层面。在这一庞大的权力体系中，特定行政司法活动，诸如行政复议与行政调解，因其独特的性质与功能，检察机关的介入应当保持审慎态度。具体而言，行政复议作为一种行政系统内部的纠错机制，旨在为行政相对人提供一条便捷的救济途径，以挑战行政机关的初步决定。鉴于此，当行政相对人对行政复议结果不满时，可通过行政诉讼这一司法途径寻求最终解决，而非直接依赖检察机关的介入。此举旨在维护行政复议制度的独立性与权威性，也避免检察机关过早介入可能引发的权力冲突与资源浪费。

行政调解本质上是一种基于双方当事人自愿、平等协商的解决争议方式，强调的是双方的合意与和谐。检察机关作为公权力机关，其介入可能会打破这种微妙的平衡，影响调解的自愿性与灵活性。因此，尊重当事人的自主选择，保持检察机关在行政调解过程中的超脱地位，是维护调解制度有效性与公信力的关键。

进一步而言，行政机关内部的行政行为，如行政指导、行政处理等，构成了行政机关日常运作的基石，这些行为往往涉及内部决策、资源配置及政策执行等敏感领域。检察机关若无差别地介入，不仅会干扰行政机关的正常运作，还可能因信息不对称、专业壁垒等因素使监督失效。因此，将这些内部行政行为明确排除在检察机关的监督范围之外，是确保行政效率与自治的必要之举。

然而，这并不意味着检察机关在行政监督领域应全面退缩。相反，对于那些直接关系到公民人身财产权益的行政处罚、行政强制、行政征收，以及涉及资质认定的行政许可等案件，检察机关的监督作用不可或缺。这些领域直接关系到民众的切身利益,也是行政权力滥用风险较高的地方。检察机关依法介入,可以有效防止权力寻租、保护公民合法权益,促进社会公平正义。

同时,必须正视检察机关资源的有限性与专业性的局限。面对行政执法领域的广泛性与复杂性,检察机关不可能面面俱到,必须坚持量力而行、突出重点的监督策略。这意味着,检察机关应优先关注那些对公共利益影响重大、社会关注度高的行政违法行为,通过精准监督,实现监督效果的最大化。

综上所述,有限监督原则不仅是对检察机关监督范围的合理界定,更是对行政权与检察权之间关系的深刻把握。在实际监督过程中,检察机关应主要依职权发现并纠正那些已对国家与社会公共利益以及公民合法权益造成实际损害的行政违法行为,而对于那些虽存瑕疵但尚未造成实质性后果的不当行政行为,则应保持克制,避免过度干预甚至代行行政权力。这样既能有效发挥检察机关的监督职能,又能确保行政权在国家与社会治理中的效能得到充分发挥,从而实现权力之间的良性互动与平衡。

三、行政权先行原则

行政权先行原则是行政违法行为检察监督中的一项重要原则,它在平衡行政权与检察监督权的关系、保障行政活动的高效有序开展方面发挥着关键作用。行政权先行原则强调在行政违法行为监督过程中,应优先尊重行政机关依据法定职权和程序对行政事务进行处理的权力。这是因为行政机关在长期的行政管理实践中,积累了丰富的专业知识和经验,对于本领域内的事务有着更直接、更深入的了解,能够基于实际情况作出相对合理的决策。例如,在市场监管、环境保护等专业性较强的领域,行政机关能够依据专业标准和工作流程,迅速对相关问题作出判断并采取相应措施。从权力分工的角度来看,行政权和检察监督权有着不同的职能定位。行政权负责对社会公共事务进行日常管理和决策执行,具有主动性、广泛性和经常性的特点；而检察监督权主要是对行政权的运行进行监督和制约，确保其依法行使。行政权先行原则体现了对行政权这一特性的尊重，避免检察监督权过早、过度地介入行政事务，干扰行政机关的正常工作秩序。只有在行政机关对检察机关的建议无动于衷、置之不理或不采纳检察建议缺乏理由的，检察机关便可以采取刚性监督手段，如提起行政公益诉讼，以维护国家和社会公共利益。另外，一旦行政机关及其工作人员的违法行为涉嫌犯罪，检察机关必须依法追究相关主管人员与责任人员的刑事责任。

再者，当行政机关自身无法遏制违法情形发生时，检察机关介入监督也应先建议行政机关内部自行纠正，只有当行政机关不积极履职时，检察机关才开展监督。此外，对规章等规范性文件和上位法发生冲突时，检察机关也应先建议行政机关内部修改或废止。当行政机关不接受建议，不予整改时，检察机关按程序进行监督。

由此可见，检察机关在行政违法行为监督中，应明确界限，保持谦抑，既发挥制度优势，又不干扰行政权及其他监督权、救济权的正当行使。

主要体现在：

一是不替代行政权。检察监督针对行政违法行为，旨在提出合法性审视请求，而非直接介入或改变行政行为。检察机关通过检察建议促进行政机关自我纠正，若行政机关能主动改正，则无须检察机关主动介入。监督旨在补充行政机关内部监督不足，确保监督效能与行政权力正常运行。

二是不替代行政相对人救济权。相对人无法通过其他途径救济时，可向检察机关申请，但检察机关不替代其救济权。相对人未主动申请，检察机关不得主动介入。救济权属个人权利，相对人可基于考量放弃，此时检察机关不得替代行使。但存在例外，如相对人因违法获利放弃救济，或违法行为损害国家、社会公共利益，即便相对人放弃，检察机关亦可主动监督。

四、及时性原则

在行政违法行为的监督体系中，构建一个以事后监督为主导、事中监督为辅助的基本框架，是确保监督活动既规范有效，又能兼顾行政效率与公正性的重要原则。这一原则的确立，不仅体现了对行政权运行的尊重与信任，也彰显了监督机制的严谨性与科学性。然而，在复杂多变的行政实践中，特别是当面临公共利益或公民个人权益受侵害的紧迫现实危险情境时，检察机关的监督职能必须展现出更高的灵活性与响应速度，以适应特殊情况的需求。

具体而言，在上述紧急情况发生时，检察机关不应拘泥于常规监督程序，而应依据行政相对人的申请或依职权主动介入，迅速开展监督活动。这种及时监督的介入，对于防止损害扩大、保护公民权益具有重要意义。之所以强调在紧急情况下的及时监督，是因为行政违法行为的危害性往往在于其突发性和不可预测性。一旦公共利益已遭受实际损害或公民权益已被侵犯，再行启动监督程序，虽能在一定程度上发挥纠错功能，但已造成的损失往往难以挽回，甚至可能引发更广泛的社会不满和信任危机。

因此，及时监督不仅是对传统监督模式的一种必要补充，更是检察机关积极监督、积极履职的重要体现。通过及时监督，检察机关能够更有效地制止行政机关滥用职权或不当行使职权的行为，防止损害结果的进一步扩大，从而在更大程度上保护公共利益与公民个人权益。这一监督方式要求检察机关必须具备高度的敏锐性与责任感，能够敏锐地察觉行政违法行为的风险点，迅速作出反应，并采取必要的监督措施，以确保行政行为的合法性与正当性。同时，检察机关还应加强与行政机关的沟通协调，形成监督合力，共同维护社会公正与法治秩序。

第三节　行政违法行为检察监督的范围及方式

一、行政违法行为检察监督的范围

行政违法行为检察监督的实践，严格贯彻了监督范围与原则的有限性理念。具体而言，监督范围并非无边界地涵盖所有行政行为，而是有所限定。在学术理论层面，关于监督范围的界定存在广泛争议，主要体现在以下三个维度：首先，是否应将抽象行政行为纳入监督范畴？鉴于抽象行政行为通常不属行政诉讼受理范围，且仅可附带审查，学者间意见分歧。有的学者认为检察机关与行政机关均聚焦于法律的具体执行，故抽象行政行为不宜纳入；还有的学者则强调，检察机关可以审查。其次，对于个人利益的侵犯能否监督，同样存在争论。有观点认为，监督应聚焦于严重损害公共利益而不直接涉及个人权益的行政行为；另有观点认为，侵害个人利益，同样应纳入监督视角。最后，监督是否应延伸至行政行为的合理性，也是讨论的热点。多数学者主张，监督的核心在于行政行为的合法性，合理性问题则非主要关注点；然而，也有学者认为，合理性审查有助于控制行政自由裁量权，促进争议的实质性解决。

当前，行政违法行为检察监督应有明确的限定性：一是集中监督具体行政行为，考虑到检察机关的实际监督能力等因素，抽象行政行为暂未被纳入；二是侧重监督涉及公共利益的行为，鉴于资源与时间限制，全面覆盖所有行政违法行为不切实际，过度宽泛的监督范围可能导致检察机关不堪重负，同时可能诱发行政相对人滥用监督申请权；三是对行政行为的合理性监督要予以注意，并保持谨慎的态度。主要包括以下内容：

其一，涉及侵犯公民人身、财产权利的行政处罚行为。在对公民个人进行行政处罚的执法行为中，违规处罚、越权处罚、滥用处罚权的现象时有发生。比如，同样是货车超载，某地交通部门有的罚款200元，有的罚款2000元，属于典型的执法标准不明、执法尺度不一、滥用处罚权的情形。再如，陕西榆林地区发生的5斤芹菜市场监管部门罚款6.6万元的事件是否于法有据，是否违反相关上位法的规定。检察机关在受理类似信访举报中或者在行政执法信息共享平台发现这些线索应不应该进行监督？笔者认为，群众反映强烈的行政违法行为应属于检察机关监督的事项。

其二，涉及行政强制行为。行政强制措施和行政强制执行直接涉及公民人身权利、财产权利的维护，尤其是强制征收、强制拆迁、强制医疗等，如不严格执法，将会严重侵犯当事人的权利，甚至可能引发大规模上访和群体性事件，从法治政府建设的角度看，需要对行政违法行为进行监督，提升政府行为的公信力。

其三，涉及公民人身健康和生命财产安全的行政许可行为。行政许可直接涉及国家安全、公共安全、经济宏观调控、生态环境保护以及直接关系人身健康、生命财产安全等特定活动。我国的行政许可制度对申请人申请行政许可设置了很多准入条件，申请人要通过层层关卡得到行政许可证从事许可的相关活动，行政机关的管理模式不科学，监督方式不合理，导致我国的行政许可门槛准入高，行政许可当事人利益得不到及时实现的情况时有发生，行政许可行为侵犯当事人利益长期以来处于无人监管或者监管不力的状况，检察机关经当事人申请或依职权可以对行政许可行为进行监督，促进行政许可规范、有序、高效。

其四，关于部分规范性文件。行政规范性文件的制定主体多样，广泛应用于政府公共管理事务中。在法规审查层面，全国人大或国务院凭法定职权，可对行政法规的合宪性与合法性开展审查；检察机关在审查高位阶法规方面不具备专业优势与职权条件。然而，针对规章以下的规范性文件，检察机关在履行行政违法行为监督职责时，能够将其纳入附带审查范围。这一监督举措有助于从源头上降低行政执法过程中的违法风险，切实维护人民群众的合法权益。检察机关应积极探索对违法规范性文件的监督路径，目前已有部分试点地区的检察院率先开展实践，探索出了一些行之有效的监督方式。未来，各地检察机关可在此基础上，进一步深化研究，持续探索更为科学、高效的监督路径与方法，不断完善行政规范性文件监督机制。

行政执法行为监督体系可分为内部与外部两大维度，共八种监督方式，每种方式聚焦于行政违法行为的不同面向。内部监督体系主要包含两方面：一是行政机关层级监督，聚焦于行政系统内部的日常监管，通过上下级行政机关之间的层级关系，实现对行政行为、制度建设及工作人员绩效的全面监督，确保行政活动的规范性与高效性。二是行政专门监督（审计监督），随着监察体制的改革深化，行政专门监督现以审计监督为核心，由行政机关内设的审计部门专门负责，重点针对国家财政经济管理的相关事务进行独立、客观的审查，以保障公共资金的安全与有效使用。

外部监督体系更为多元，涵盖以下六类：一是党内监督，侧重于政治层面的监督，涉及民主党派与执政党对行政行为的政治监督，旨在促进政党政治纪律与廉洁从政的落实。二是人大监督，基于我国独特的权力架构，人大对行政机关与司法机关实施宏观层面的监督，确保其依法履职，但不过多介入具体行政事务的处理。三是司法监督，特指行政诉讼过程中及裁决生效后的法律监督，针对行政人员触犯刑事法律的行为进行司法审查。四是社会监督，广泛涉及社会团体与公民个人对行政违法行为的监督，虽具社会性与普遍性，但缺乏直接的法律强制力，更多依赖舆论压力与公众意识提升。五是监察监督（现外部监督范畴），随着监察体制改革的推进，监察机关从内部监督转变为外部监督，专注于行政违法人员的监察，并与检察机关形成有效衔接，对涉嫌犯罪的行政人员移送起诉，实现监督职能的专业化与高效化。六是检察监督，相较于司法监督，检察监督具有更广泛的覆盖面，贯穿行政违法行为的全过程，不仅关注诉讼程序的合法性，而且在诉前阶段积极介入，力求通过非诉讼方式解决行政争议，彰显其全面性、具体性与威慑力。

由此可见，行政违法行为的检察监督与其他监督形式并非对立关系，而是各司其职、协同发力。检察监督凭借其覆盖广泛、指向精准、震慑有力的特点，在行政监督体系中占据关键地位。与人大监督、行政机关内部监督、审判监督等形成互补格局，既能发现其他监督难以触及的盲区，又可借助其他监督的专业优势深化监督效果。通过不同监督方式间的良性互动，共同织密行政违法行为监督网络，全方位规范行政权力运行，切实保障行政法治建设稳步推进。

二、行政违法行为检察监督的方式

（一）检察建议

检察建议作为检察机关履行法律监督职能的关键载体，是指检察机关在履行职责过程中，针对发现的违法违规问题或管理漏洞，向相关单位、组织及个人提出的具有针对性、建设性的整改意见。通过督促相关主体纠正违法行为、完善工作机制，有效推动法律统一正确实施，维护社会公平正义与法治秩序。这一过程不仅体现了检察机关的法律监督职能，也彰显了其促进法治完善的积极态度。

若行政机关在限定时间内未对检察建议作出回应，检察机关有权进一步向该机关的上一级部门或同级政府提交检察建议，并依法对相关责任人提出行政处分的建议。为增强检察建议的执行力与刚性，连云港市人民检察院及其下辖的灌云县、海州区、赣榆区等检察院均积极行动，推动地方人大颁布了《关于提升检察建议质效的若干规定》。依据此规定，若行政机关在收到检察建议后逾期未予整改，检察机关可提请人大启动问责与质询程序，以此强化检察建议的法律效力和社会影响力，促进检察监督职能的有效发挥。

检察机关在行政违法行为监督过程中，主要通过制发检察建议督促行政机关履责，实现公力救济。如房屋买卖中，大批房产开发商违规收取购房户的费用，违反价格法规定，损害不特定对象的合法权益（社会公共利益），而物价部门监管不力，对此检察机关应当予以监督纠正。检察实践中，一般采用检察建议的方式，建议行政机关及时履行职责，维护国家利益、社会公共利益。

例如，2014年5月，江苏省某县人民检察院发现某县城区多家房地产开发公司存在违规收取价外费用的行为，购房户在合同约定的价款之外又被开发商强行收取了天然气入户费2500元，有线电视入户费400元，部分还被收取了太阳能安装费、入户门、门铃等费用，若不交这些费用，开发商则拒绝交付房屋。对此购房户反应非常强烈，向媒体投诉，造成一定的社会影响。而某县物价局作为价格监管部门却怠于履行监管职责。某县人民检察院从媒体报道中发现该价格违法行为。经查，江苏省物价局自2003年就要求在全省范围内实施商品住房销售"一价清"制度（住宅商品房销售中对购房者最终结算时实行一个价格，开发企业不得收取未经价格主管部门批准的价格之外的任何费用）。而某县城区的多家开发企业存在价外收取费用的行为，作为价格违法行为管理部门的某县物价局可能存在怠于履行职责的行为，对此某县人民检察院予以立案审查，对位于某城区的十家房地产开发公司及其购房户进行调查核实，查明某县物价局在价格管理中存在以下问题：（1）相关政策宣传不够。接受调查的20余名购房者大部分表示不知道"一价清"的规定，亦不清楚开发商在交房时价外收取的费用系违法行为。（2）对现有收取价外费用行为缺乏监管。检察机关调查核实的10家商品房开发企业，有9家称某县物价局从未对其进行过检查，亦不清楚"一价清"的相关规定应该从何时开始实施；对于某县物价局在其官网上公布的2012年7月1日之后新备案的楼盘，检察机关随机调查了三家，有两家没有按照规定执行"一价清"制度，某县物价局对此没有进行查处，亦没有进行行政处罚。为此，检察机关向某县物价局提出如下建议：（1）利用广播、报纸、网络、电视等媒体宣传相关价格政策，并及时曝光查处的价格违法行为。（2）对2009年1月1日以后销售的楼盘进行一次大检查，若房地产开发经营企业未严格遵循商品房销售"一价清"制度与明码标价规定,将会面临一系列处理措施。责令其将价外收取的费用及时退还业主,并予以整改;不能按期整改的,依法给予行政处罚。(3) 2012 年 7 月 1 日之后销售的商品房,房地产开发经营企业应当严格执行"一价清"制度及明码标价制度,按照规定将与商品住房配套建设的各项基础设施等建设费用,一律计入开发建设成本之中,对于无法纳入房价成本的极个别项目收费,必须主动公示和向购房者说明原因并在合同中约定。无论房地产开发经营企业是否在商品房销售合同中明确约定天然气入户初装费、太阳能安装费等费用,其价外收取这部分费用应认定为价格违法行为。某县物价局采纳了检察机关的建议,并进行整改,加强相关价格政策的宣传,同时开展专项整治活动,对有违规行为的城区商品房开发企业进行整治教育,统一执法标准,对部分楼盘违规收取的费用进行了清退,共计退款 30 余万元,维护了群众的切身利益,取得了较好的社会效果。

(二) 督促起诉

督促起诉监督是检察机关的重要监督方式,当出现国有资产流失等损害国家利益或社会公共利益的情形,且负有监管职责、具备民事诉讼原告资格的行政执法机关消极不作为,未及时向法院提起诉讼,致使受损利益无法得到有效救济时,检察机关便会介入。其具体做法是向相关行政机关发送督促起诉书,督促行政机关依法主动提起民事诉讼,从而达到维护国家利益和社会公共利益的目的。这一监督方式的核心在于,填补因行政机关怠于履职而出现的利益保护空白。检察机关通过法律监督手段,推动行政机关积极履行诉讼职责,将维护公共利益的"接力棒"交还给负有法定职责的行政主体,既尊重了行政机关的法定职权,又保障了公共利益得到及时救济。这种监督机制既体现了检察机关对行政权的合理监督与协同,也展现了其在守护国家和社会公共利益过程中的关键作用,是法治建设中不可或缺的一环。

行政机关作为公共事务的管理者以及国家所有权的实际行使者，其享有的诉权具有权利义务的双重属性。这意味着，行政机关在面对可能的损害时，不仅有权提起诉讼以维护公共利益，也承担着不可推卸的责任。若行政机关怠于行使这一权力，实质上可能构成对其职责的忽视或放弃，进而被视为失职行为。这正是检察机关督促起诉制度得以存在并发挥作用的坚实基础。

督促起诉的适用范围不应局限于传统的国有资产流失等领域，而应当根据社会发展的实际需求，不断拓展其边界。只要属于国家利益和社会公共利益保护的重要范畴，理应纳入督促起诉的监督视野之内。通过这样的拓展，督促起诉监督方式将更加全面、有效地服务于国家和社会公共利益的保护，促进法治社会的建设与发展。

（三）支持起诉

当行政违法行为侵害国家利益、社会公共利益时，检察机关作为国家的法律监督机关，不仅负有监督行政主体依法行政的职责，还应积极支持受损利益的当事人提起诉讼，以维护社会公平正义。

最高人民检察院在《关于加强民事行政检察工作若干问题的意见》中明确提出，积极稳妥地开展支持起诉工作。对侵害国家利益、社会公共利益的案件，支持有起诉权的当事人向人民法院提起民事、行政诉讼。这一政策导向，不仅体现了最高人民检察院对行政公益诉讼的重视，也表明了其对支持起诉在行政诉讼中地位的肯定。

实践中，检察机关通过支持起诉，能够有效地介入行政违法行为案件，对行政主体进行强有力的监督。检察机关的支持，不仅为当事人提供了法律上的帮助，更重要的是，它向审判机关传递了一个明确的信号：检察机关将坚定地站在维护国家利益和社会公共利益的一边，对任何侵害这些利益的行政违法行为都将进行有力的监督。

因此，检察机关支持当事人起诉，是对国家法律监督机关职责的忠实履行。通过这一方式，检察机关能够更有效地维护国家利益和社会公共利益，推动行政主体依法行政，实现社会的公平与正义。

（四）行政公益诉讼

在现代法治社会中，行政权力的规范运行是保障公民权益、维护社会秩序的重要基石。然而，行政违法行为时有发生，对公共利益构成严重威胁。为了有效遏制此类行为，行政公益诉讼作为一种创新的检察监督手段应运而生。

行政公益诉讼赋予检察机关在公共利益受损时提起诉讼的权力，从而打破了传统行政诉讼中"民告官"的局限，实现了对行政违法行为的全面监督。通过这一方式，促进其依法行政，维护公共利益。

从逻辑上看，行政公益诉讼具有显著的优势。首先，它强化了检察机关的监督职能，使其能够更有效地发挥法律监督者的作用。其次，行政公益诉讼拓宽了监督渠道，使公共利益的保护不再局限于直接受害者的个体诉讼，还可以通过检察机关的介入得到更广泛的关注和保护。最后，行政公益诉讼的提起和审理过程，实际上也是对行政机关依法行政的一次公开监督和评价，有助于推动行政机关自我完善，提高行政效能。

综上所述，行政公益诉讼作为行政违法行为检察监督的有效手段，不仅有助于维护公共利益，还促进了行政机关的依法行政和法治社会的建设。未来，应进一步完善相关法律制度，提高行政公益诉讼的适用性和实效性，为构建更加公正、透明、高效的行政监督体系贡献力量。

（五）惩戒建议

在检察机关全面而深入地履行宪法与法律赋予的法律监督职责时，若经缜密审查与评估，确认行政机关的主管人员及直接责任人员存在违法违纪行为，且这些行为虽未达到刑事追诉的标准，但已严重违背了行政伦理与法律规定，检察机关便有权采取一种具有明确指向性与规范性的监督措施。具体而言，检察机关可向具有相应监督权限的监察机关，或直接向上一级行政机关，正式提出一份旨在给予相关责任人员行政处分的检察建议。

这一监督方式的运用，深刻体现了检察机关在维护国家法治统一、促进政府依法行政方面的独特价值与重要作用。它不仅仅是对个别违法违纪行为的简单回应，更是对行政机关内部监督机制的一种有效补充与强化，旨在促进行政机关及其工作人员在行使公权力的过程中，始终能够恪守法律底线，严格依法办事。

尤为重要的是，这种惩戒建议的提出，主要聚焦于那些承担着重要惩戒职能的行政机关负责人。这些负责人若未能忠实履行其法定职责，对下属行政人员的违法行为视而不见、放任自流，不仅严重损害了行政机关的公信力与执行力，更构成了典型的不作为违法。检察机关提出处分建议，旨在督促这些负责人切实承担起应有的管理责任与监督责任，及时纠正违法行为，恢复行政秩序的正常运行。

综上所述，检察机关向监察机关或上级行政机关提出给予违法违纪行政人员处分的检察建议，不仅是对具体违法行为的精准打击，更是对行政机关依法行政原则的坚定捍卫。这一监督方式对于提升行政机关的执法水平、增强公众对政府的信任与支持、推动法治社会的建设与发展具有不可估量的积极意义。

第六章 典型案例与相关规范性文件

第一节 行政违法行为检察监督典型案例

案例一：浙江省某县人民检察院督促市场监督管理部门依法变更法定代表人检察监督案[1]

【关键词】

未依法变更法定代表人　大数据检索　类案监督　督促履行监管职责

【要旨】

检察机关在办案中发现行政机关不履行或者怠于履行监管职责，致使不符合规定的人员担任公司、非公司企业法人的法定代表人，以个案为基础，通过大数据检索、数字建模比对，梳理同类问题，制发类案检察建议，督促行政机关依法履职，推动实现数据共享互通，合力优化营商环境。

【线索发现】

2022年3月，某县人民检察院在履行法律监督职责中发现，2018年4月27日，丁某某因犯销售假药罪被县人民法院判处有期徒刑八个月，缓刑一年，并处罚金人民币3万元。2018年10月19日，因在缓刑考验期内

---

[1] 参见《大数据赋能行政检察监督典型案例》，载最高人民检察院官网，https://www.spp.gov.cn/zdgz/202208/t20220824_573783.shtml。

发现漏罪，被某县人民法院撤销缓刑，数罪并罚，合并执行有期徒刑 8 个月，并处罚金人民币 3.5 万元。刑期自 2018 年 10 月 19 日起至 2019 年 6 月 18 日止。刑满释放后，丁某某于 2020 年 5 月 14 日在县市场监督管理局某分局办理设立登记有限责任公司（自然人独资）"某贸易有限公司"，由其本人担任公司法定代表人。根据相关法律规定，丁某某因破坏社会主义市场经济秩序被判处刑罚，执行期满未逾 5 年，不得担任公司法定代表人。不符合法定任职条件的人员担任公司、非公司企业法人的法定代表人，对市场秩序、营商环境等产生负面影响，不利于市场交易安全。通过对该案进行分析研判，县人民检察院认为，市场主体设立登记时市场监管部门采取形式审查，且变更登记的申请由市场主体提出，市场监管部门较为被动，数据壁垒影响市场监管部门对市场主体登记情况的有效监管，产生监管风险和漏洞。该问题绝非个案，存在类案监督的可能，有必要通过大数据分析开展专项治理。

【数据赋能】

（一）数据收集

从以下不同途径收集数据：1. 刑事案件基本信息（来源于全国检察业务应用系统或浙江检察数据应用平台）；2. 市场主体名单数据（来源于市场监管部门）；3. 刑事裁判文书（来源于浙江裁判文书检索）。

（二）数据分析步骤

第一步：获取基础数据。从当地市场监管部门获取辖区内存续的市场主体名单数据（排除被吊销、注销的情况），同时从全国检察业务应用系统内调取刑事案件受理数据，在浙江检察数据应用平台上形成基础数据库。

第二步：确定数据筛选指标。设置刑事案件数据的刑罚种类筛选条件为"有期徒刑""拘役""管制""剥夺政治权利"，罪名筛选条件选择"贪污贿赂类""破坏市场经济秩序类"，由此可以将大批量的数据缩小范围。

第三步：数据比对。将第二步筛选处理过的刑事案件基本信息数据与市场主体名单数据进行碰撞，得出市场主体法定代表人涉特定刑事案件的情况。

第四步：调查核实。核实刑罚执行完毕时间、市场主体类型、公司设立登记时间、担任法定代表人时间等数据，核实后筛查出检察监督线索。

第五步：数据反比对。因数据涉及个人信息等情况，从行政机关调取的数据存在不完整或信息存在更新的可能，调查核实后的数据，需要协调行政机关进行数据反比对，比对出违规担任法定代表人的确切数据。

（三）数据分析关键点

《中华人民共和国市场主体登记管理条例》第 12 条第 2 项规定，"因贪污、贿赂、侵占财产、挪用财产或者破坏社会主义市场经济秩序被判处刑罚，执行期满未逾 5 年，或者因犯罪被剥夺政治权利，执行期满未逾 5 年"，"不得担任公司、非公司企业法人的法定代表人"。由此，在该类案件中应当着重把握以下三个关键点：

一是"时间"，设立登记公司担任法定代表人的时间和刑罚执行完毕的时间，违法担任法定代表人的时间应当在刑罚执行完毕的 5 年内，需要收集 5 年内生效的刑事裁判文书。

二是"罪名"，贪污、贿赂、侵占财产、挪用财产、破坏社会主义市场经济秩序等为筛选条件，刑事案件基本信息数据量庞大，通过罪名进行有针对性的筛选，缩小数据比对的范围。

三是"刑罚种类"，判处有期徒刑以下刑罚，包括剥夺政治权利，筛选出有效线索。

【类案监督】

某县人民检察院立足于个案情况，调取本院刑事案件信息，涉及刑事犯罪嫌疑人信息 4 万余条。从中筛选涉嫌贪污、贿赂、侵占财产、挪用财产或者破坏社会主义市场经济秩序被判处刑罚的人员信息 3500 余条。向市场监督管理部门调取截至 2022 年 3 月 29 日的全县市场主体名单 7 万余条。将判处刑罚人员信息、市场主体名单进行数据比对，初步筛查出因贪污、贿赂、侵占财产、挪用财产或者破坏社会主义市场经济秩序被判处刑罚的人员担任公司（非公司企业法人）法定代表人的线索13人（含一人担任多家公司法定代表人的重复数据）。经进一步核实，其中7人存在违法担任法定代表人的情形。根据《中华人民共和国公司法》《中华人民共和国市场主体登记管理条例》的规定，向市场监管部门制发检察建议，督促行政机关依法履职，保障市场秩序和安全。

案例二：浙江省某市人民检察院督促某市工程建设行政主管部门依法履职检察监督案[①]

【关键词】

建设工程转包　违法分包　类案监督

【基本案情】

2018年3月，某企业管理有限公司（以下简称某公司）与李某安签订《木工劳务合同》，约定某公司总承包施工的某项目土建劳务分包工程，以劳务清包形式承包给李某安。某公司系具有建筑工程劳务分包资质的企业，与李某安签订《木工劳务合同》时知晓其不具有劳务作业的法定资质。后双方发生纠纷，诉至某区人民法院，该院作出民事判决，认为某公司将所承包工程违法分包给不具有建设工程劳务作业资质的自然人，双方签订的《木工劳务合同》违反法律、行政法规的强制性规定，属于无效合同。

李某安不服一审判决，提起上诉，二审法院同样认为李某安以劳务清包的形式承包诉争工程，因其不具有劳务作业法定资质，某公司与李某安

---

① 参见《行政检察监督优化营商环境典型案例》，载最高人民检察院官网，https：//www.spp.gov.cn/xwfbh/wsfbt/202206/t20220616_559927.shtml#2。

签订的《木工劳务合同》依法认定无效，李某安不服二审判决，向某高级人民法院申请再审，该院裁定驳回李某安的再审申请。

【检察机关监督情况】

2021年4月，李某安不服法院的再审裁定，向检察机关申请监督。某市人民检察院民事检察部门在审查案件中发现，某公司违法分包行为未被追究行政责任，可能存在行政机关不依法履行监管职责的情形，遂将案件线索移送至行政检察部门。行政检察部门接到案件线索后，经初步调查，发现当地建设工程施工转包、违法分包乱象时有发生，本案不是孤案，遂部署在全市范围内开展专项监督活动。专项活动期间，初步查明全市范围内，人民法院作出生效裁判的案件中，存在建设工程转包、违法分包等违法行为的148件，行政检察部门对这些案件涉及的相关事实及诉讼证据逐一核实。以涉案工程竣工验收合格时间起算，148件案件中，132件案件相关违法行为已超过两年的行政处罚追诉期，尚有16件未超过行政处罚追诉期。

某市检察机关审查认为，建设单位将建设工程转包、违法分包，不仅违反国家法律、法规禁止性规定，而且扰乱了正常的建筑市场秩序，容易引发重大安全事故。当地工程建设行政主管部门对本行政区域内发现的转包、违法分包及挂靠等违法行为，应当依法给予行政处罚或者处理。在与相关行政机关充分沟通的基础上，全市十个区县（市）检察机关分别向当地住建局制发类案监督检察建议，要求对相关违法行为依法进行调查并作出相应处理。同时，市人民检察院牵头与市中级人民法院、市发改委、住建局、交通运输局、水利局、市政务服务办公室会签《关于建立司法与行政执法衔接联动机制协同治理建设工程施工发包承包违法行为的意见》，从源头上预防和有效遏制转包、违法分包及挂靠等违法行为，维护建筑市场秩序和建筑工程主要参与方的合法权益，完善建筑市场信用体系，提升源头治理效能，促进该市建筑企业高质量发展。目前，制发的检察建议均得到行政机关采纳。

【典型意义】

建筑质量事关人民群众生命财产安全。因此，国家对建筑企业实行严格的资质管理制度。将建设工程转包、分包给没有相应资质的企业或者个人，是法律禁止的违法行为，因其具有隐蔽性，行政机关在日常监管中通常难以及时发现。违法转包、分包在实际操作中也容易引发建设工程合同纠纷。民事行政检察部门在办理民事诉讼监督案件中发现建设工程转包、违法分包行为未被追究行政责任的，将案件线索移送行政检察部门，发挥各自的专业优势，形成监督合力。检察机关以个案为切入点，以数字赋能，调查了解当地建设行业存在的同类违法行为，制发检察建议、会签文件等方式，从源头上预防和遏制违法转包、分包行为，维护建筑市场秩序，切实保障建筑工程参与方的合法权益，推动完善建筑市场信用体系，为建筑行业生产安全、健康发展提供司法保障。

案例三：湖南某教育公司逃避支付劳动报酬行政非诉执行检察监督案[①]

【关键词】

行政非诉执行监督　恶意注销　逃避支付报酬　大数据监督

【基本案情】

2020年9月25日，湖南某教育公司因未依法足额支付劳动者朱某的工资，被湖南省长沙市某区人社部门作出行政处理决定，责令其依法足额支付员工工资。某教育公司收到行政处理决定书后为逃避支付劳动报酬申请公司注销登记。2020年11月27日，某教育公司办理注销登记。2021年6月15日，某区人社部门以该公司为被执行人向某区法院申请强制执行。

---

① 参见《充分发挥行政检察监督职能助力根治欠薪典型案例》，载最高人民检察院官网，https://www.spp.gov.cn/xwfbh/wsfbt/202405/t20240507_653482.shtml#2。

2021年6月25日，某区法院裁定准予执行，并于2021年12月16日以该公司无财产可供执行，裁定终结本次执行程序。湖南省长沙市某区人民检察院（以下简称某区检察院）在开展行政检察护航民生民利专项活动中发现本案线索，遂依职权启动监督。

【检察机关履职情况】

某区检察院经审查认为，根据《中华人民共和国行政诉讼法》第101条以及《最高人民法院关于民事执行中变更、追加当事人若干问题的规定》第23条的规定，某区人社部门未查明某教育公司已注销登记及该公司实际义务承受人情况，未将该公司的实际义务承受人列为被执行人，存在错误认定被执行主体的情形；根据《最高人民法院关于严格规范终结本次执行程序的规定（试行）》第1条及《最高人民法院关于进一步规范近期执行工作相关问题的通知》第2条"关于终结本次执行程序相关问题"的规定，某区法院未查明某教育公司已注销即以该公司无财产可供执行终结本次执行程序不当。2023年6月15日，就上述问题，某区检察院向某区人社部门及某区法院分别发出检察建议，督促某区人社部门依法向某区法院申请变更某教育公司的原股东为被执行人，并建议其今后查明企业的存续状况，准确认定被执行人，申请强制执行时将涉案企业设立、变更、注销的登记档案及其他证明材料附送法院；建议某区法院依法准确终结本次执行程序，穷尽财产调查措施。

2023年6月19日，某区人社部门采纳检察建议，向法院申请变更某教育公司的股东为被执行人，同时对公司恶意注销的案件进行集中排查；某区法院采纳检察建议，表示今后将加强对企业存续状况及实际义务承受人的调查，规范终结本次执行程序，并恢复该案的执行。恢复执行后，某教育公司的原股东履行了行政处理决定，将拖欠的员工工资全部支付到位。

通过对该案的分析研判，企业恶意注销损害劳动者权益的情形并非个案，某区检察院以专项活动促进问题治理，对某区法院办理的涉劳动报酬类行政非诉执行案件予以全面排查，并灵活利用裁判文书、国家企业信用信息公示系统等，建立涉企行政非诉执行程序监督模型，发现被执行企业恶意注销致行政机关错误认定被执行主体线索 8 条、法院终结本次执行程序和终结执行程序违法线索 8 条。某区检察院已对法院 4 件违规终结本次执行程序和终结执行程序案件监督纠正，其他案件线索正在办理中。

为进一步治理欠薪问题，某区检察院联合某区政法工作部、某区人社部门、某区法院和某区公安机关共同制定了《关于建立根治欠薪协作机制的工作意见》，针对行政机关之间信息沟通不畅的问题，搭建信息共享平台、建立联席会议制度，形成农民工欠薪问题治理合力，建立了长效常治机制。

【典型意义】

问题企业恶意注销，企图"金蝉脱壳"逃避法律责任，严重损害了劳动者的合法权益，破坏了规范有序的营商环境。检察机关以护航民生民利为出发点和落脚点，聚焦民生领域和劳动者等特定群体，通过专项监督、数据模型发现监督线索，并充分发挥府检联动作用，推动建立行政执法与检察监督衔接机制，让恶意注销企业的义务承受人承担其应尽的责任和义务，有力维护劳动者合法权益，实现个案办理向社会治理的延伸。

案例四：河北某塑业公司恶意注销逃避法律责任行政违法行为跨区域行政检察监督案[①]

【关键词】

行政违法行为监督　恶意注销　跨区域协作配合

【基本案情】

2016 年 3 月，顾某某、刘某某等 7 人共同出资并经河北沧州河间市行政审批局注册成立河北某塑业有限公司（以下简称河北某塑业公司）。

---

① 参见《南通行政检察一案例入选最高检典型案例》，载南通市人民检察院官网，https：//nt.jsjc.gov.cn/yw/202305/t20230529_1515530.shtml。

2019年6月至2020年9月，该公司及其法定代表人顾某某、股东刘某某等7人为牟取非法利益，未经江苏南通某塑胶工业有限公司（以下简称南通某塑胶公司）许可，生产销售假冒其注册商标的产品。经查，河北某塑业公司非法经营额达485万余元。

2021年11月30日，江苏省南通通州湾江海联动开发示范区人民检察院（以下简称通州湾检察院）以河北某塑业公司、顾某某等7人涉嫌假冒注册商标罪、销售假冒注册商标的商品罪起诉至江苏省南通通州湾江海联动开发示范区人民法院，并建议对河北某塑业公司判处罚金。2022年2月25日，河北某塑业公司在公司注册地河北省河间市行政审批局办理了公司注销登记手续。

【检察机关履职过程】

案件来源。2022年3月，南通某塑胶公司向通州湾检察院刑事检察部门反映被告人河北某塑业公司已办理公司注销登记，刑事检察部门将线索移送至行政检察部门。

调查核实。因案件涉及外省行政机关，通州湾检察院初步调查核实后，江苏省、南通市两级检察院分别与河北省、沧州市检察院沟通协调，通报河北某塑业公司恶意注销登记情况，就需要调取的证据、查明的事实及监督思路等与河北检察机关达成共识，并委托行政机关所在地检察院先行与该行政机关沟通，争取协助配合。通州湾检察院在河北检察机关配合下开展调查取证、文书送达等工作，顺利调取到河北某塑业公司申请注销的档案资料等证据。经调查查明，河北某塑业公司股东顾某某等人在该公司被检察机关提起公诉后，申请注销登记，且申请时隐瞒公司涉罪诉讼情况。另查明，河北某塑业公司与南通某塑胶公司另有民事案件在广东某法院处于执行阶段，河北某塑业公司的注销对该民事案件执行亦造成影响。检察机关遂决定一揽子开展本案及相关争议化解工作，经释法说理，双方达成和解、谅解，河北某塑业公司先行赔付南通某塑胶公司400万元。

监督意见。2022年3月16日，通州湾检察院根据《人民检察院检察建议工作规定》第3条第4款，征得河北当地检察机关同意后，向河北省河间市行政审批局发出检察建议，建议依法撤销河北某塑业公司的违法注销登记。同年4月1日，该局采纳检察建议，撤销了河北某塑业公司的注销登记，并函复通州湾检察院。2023年1月14日，江苏省南通通州湾江海联动开发示范区人民法院依法判决河北某塑业公司构成假冒注册商标罪。

促进治理。江苏省南通市检察院基于办理此案的经验做法，梳理排查出恶意注销逃避刑事责任线索14件，行政、民事及执行案件中的恶意注销线索127件，依职权监督51件。在此基础上，南通市检察院撰写了《关于企业恶意注销逃避法律责任问题的调研报告》，专题报送党委政府，推动在全市层面建立市场主体行政执法司法信息共享和衔接配合机制，推动相关行政管理领域源头治理。

【典型意义】

检察机关办理涉及跨区域监督疑难、复杂案件时，应加强地区间横向协作配合，确保监督质效。检察机关异地开展调查核实、法律监督工作，应主动加强与异地检察机关的沟通联系，寻求支持，涉案行政机关所在地检察机关应发挥地缘优势，积极协助办理案件的检察机关开展工作，共同监督和支持涉案行政机关依法行政，实现区域间双赢多赢共赢局面。

案例五：胡某某诉河北省张家口市某区市场监督管理局行政处罚检察监督案[①]

【关键词】

行政违法行为监督　过罚相当　行政争议实质性化解　检察护企

[①] 参见《最高检发布"检察护企"行政检察典型案例》，载央视网，https://news.cctv.com/2024/07/08/ARTIRZ9fZEK2k7d9MFHwgfq6240708.shtml。

第六章 典型案例与相关规范性文件 121

【基本案情】

胡某某在某商业广场三层铺面经营饰品。有消费者投诉其用消费券误导消费者购物。张家口市某区市场监督管理局经核查，胡某某举行有奖销售活动，在有奖销售前没有明确公布所设奖项的种类、参与条件、参与方式、开奖时间、奖金金额或奖品价格、奖品品名、兑奖时间、兑奖方式等信息。2022年7月22日，某区市场监督管理局依据《反不正当竞争法》第22条规定，以及《河北省市场监管行政处罚裁量基准》中关于适用《反不正当竞争法》第22条一般情形的裁量规定，对胡某某处以30万元罚款。胡某某认为处罚过重，于2023年3月1日向某区人民法院提起诉讼。法院以超过起诉期限裁定不予立案。胡某某向检察机关申请监督。

【检察机关履职过程】

调查核实。某区人民检察院依法受理。经调查查明，胡某某提起行政诉讼确已超过起诉期限。在执法机关调查期间，胡某某积极配合执法人员，主动联系投诉的消费者，退还购物款项并取得了谅解，罚款30万元有过重之嫌。检察机关经与当事人和执法机关沟通，认为该案争议具有化解可能，遂邀请律师、人大代表、政协委员担任听证员，组织召开公开听证会。听证员在听取胡某某对其违法情节及事后积极改正的情况的详细陈述后，一致认为处罚种类和幅度要与违法行为人的过错程度相适应，若在法律规定的幅度内处以较轻的处罚，仍可实现行政监管目标，并达到警示教育的目的。胡某某违法情节轻微，社会危害性不大，案发后能主动减轻危害后果，具有法定从轻减轻情节。

监督意见。检察机关审查认为，法院以超过起诉期限裁定不予立案，并无不当。行政机关行政处罚行为存在违法情形：1.行政机关处罚决定违反过罚相当的原则。结合胡某某违法行为性质、情节及危害后果，依据《行政处罚法》第32条，应当减轻处罚。2.市场监管机关参照《河北省市场监管行政处罚裁量基准》中一般情形的规定予以行政处罚，适用情形错误。《河北省市场监管行政处罚裁量基准》第15条规定："有下列情形之一的应当依法从轻或者减轻行政处罚……（二）主动消除或者减轻违法行为危害后果的；……"第16条规定："当事人有下列情形之一，可以依法从轻或减轻行政处罚：……（二）积极配合市场监管机关调查，如实陈述违法事实并主动提供证据材料的；（三）违法行为轻微，社会危害性较小。"本案中，胡某某的违法情节符合上述情形，应予减轻处罚。

监督结果。某区检察院综合公开听证情况，向区市场监督管理局制发检察建议书。市场监管局采纳听证会意见及检察建议，重新作出罚款5万元的处罚，胡某某亦表示接受。

【典型意义】

检察机关办理涉企行政检察监督案件，通过公开听证的方式，为当事人搭建平等交流对话的平台，在法律范围内寻求合理合法的行政争议实质性化解途径，依法保障小微企业权益，化解小微企业现实困境，促进执法机关转变执法理念、改进工作方式，为经济复苏和营商环境的优化注入法治元素。

案例六：江苏省无锡市某区人民检察院督促纠正错误行政处罚决定检察监督案[①]

【关键词】

行政违法行为监督　　行政处罚　　冒用残疾人身份　　类案监督　　专项整治

【基本案情】

"杨某婷"伙同他人吸食毒品被江苏省无锡市某区公安分局根据《中华人民共和国治安管理处罚法》第72条第3款之规定，予以行政拘留15

---

① 参见《维护残疾人合法权益行政检察典型案例》，载最高人民检察院官网，https：//www.spp.gov.cn/xwfbh/wsfbt/202309/t20230906_ 627341.shtml#2。

日的行政处罚,并将其送往无锡市拘留所执行。《行政处罚决定书》被处罚人一栏签名为"杨某婷"并捺印。

【检察机关履职过程】

2022年3月,无锡市某区人民检察院在办理"杨某萱"涉毒品犯罪时发现,杨某萱有冒用残疾人杨某婷身份信息接受行政处罚的情形。经内部线索移送,行政检察部门依职权启动调查查明:杨某婷为杨某萱堂妹,系智力三级残疾。杨某萱冒用杨某婷的身份信息办理了身份证件,该证件除照片为杨某萱本人以外,其他信息与杨某婷身份信息完全一致。后杨某萱一直以杨某婷的姓名外出工作,多次涉毒均以杨某婷的身份被公安机关行政处罚。某区人民检察院经审查认为,区公安分局在作出行政处罚决定时未尽审慎审查义务,致使杨某萱多次被行政处罚均系冒用杨某婷之名,行政处罚的主体认定错误,损害了杨某婷的名誉,应依法予以纠正。2022年3月18日,某区人民检察院向区公安分局制发检察建议,建议对杨某萱冒用杨某婷之名的行政处罚决定书依法予以更正;在今后的工作中,加大被处罚人身份信息审查力度,建立纠错机制。区公安分局经清理,先后撤销包含本案在内的4份杨某萱冒用杨某婷之名的行政处罚决定书,重新作出行政处罚,并函告杨某萱户籍所在地公安机关对其冒用他人身份信息依法作出处理。

本案办理后,某区人民检察院及时向无锡市人民检察院报告工作情况,推动市检察院在全市范围部署开展"梳理冒用他人身份信息接受行政处罚案件"专项行动。截至目前,全市共梳理出冒用他人身份信息接受行政处罚案件60余件,通过制发检察建议纠正8件,其他案件均由公安机关自行纠正。

【典型意义】

残疾人因自身原因,在身份被冒用、相关权益受到侵害的情况下,往往很难及时发现。检察机关在履职中,强化"行刑衔接",践行"穿透式监督"理念,对于发现行政违法行为监督线索,尤其是涉及侵害残疾人合法权益的，依法积极履职，高质效办理关系残疾人合法利益的案件，坚持从个案办理到类案监督，再到社会治理，以点带面，解决一个领域、一个环节的普遍性问题，促进提升社会治理效能，切实保障残疾人合法权益。

案例七：陕西省某县人民检察院督促劳动监察部门依法履行农民工工资支付监管职责检察监督案[①]

【关键词】

行政违法行为监督　农民工工资支付监管　检察建议

【基本案情】

2017年5月，陕西某建筑工程有限公司（以下简称建筑公司）承包某县某街道办事处一小区桩基工程后，将部分工程分包给某市建筑工程有限公司，后该工程交由郝某某等37名农民工进行施工。由于施工难度增大，工期延长，农民工多次要求提高工资，而建筑公司拒绝支付，导致农民工停工。建筑公司工程负责人与农民工代表郝某某等人进行商谈，口头承诺在原约定的工资基础上每米加价300元。工程完工结算时，建筑公司未按照口头约定的加价之后的工资标准进行支付。双方就工资数额问题产生争议，多次协商未果。农民工向劳动监察部门和某街道办事处申诉，但工资问题未得到解决。为此，农民工代表郝某某以工程管理中存在诸多违法情形、行政机关怠于履行监管职责为由，向某县人民检察院申请行政检察监督。

【检察机关监督情况】

某县人民检察院受理案件后，对案件开展调查核实，通过走访农民工、询问工程负责人、调取劳动监察部门执法卷宗、向行政机关工作人员

[①] 参见《"检察为民办实事"——行政检察与民同行系列典型案例（第四批）》，载最高人民检察院官网，https://www.spp.gov.cn/xwfbh/wsfbt/202112/t20211216_538720.shtml#2。

了解情况、调取工程项目管理相关材料等方式查明：工程总承包单位和分包单位没有按时足额支付农民工工资确实存在。同时，该案反映出工程项目管理环节存在对劳动用工未进行实名制管理、未建立书面工资支付台账、未开设农民工工资专用账户、未存储工资保证金等问题，违反了《保障农民工工资支付条例》有关规定，且县域内其他工程项目亦存在类似问题。某县劳动监察部门和某街道办事处未依法履行对用工实名制登记、工资台账记录管理，工资专用账户管理、工资保证金等制度落实的监督检查职责，存在明显监管漏洞，应制发检察建议督促其纠正。2021年5月19日，某县人民检察院举行公开听证，听证员一致认为检察机关调查的案件事实清楚，证据充分，对行政机关的拟监督建议于法有据、符合实际。行政机关代表对检察机关查明案件事实和拟监督建议完全认同。建筑公司负责人同意向农民工足额支付拖欠的61500元工资。

2021年6月7日，某县人民检察院根据《保障农民工工资支付条例》和《国务院办公厅关于全面治理拖欠农民工工资问题的意见》，向劳动监察部门、某街道办事处发出行政违法行为监督检察建议，督促其落实属地监管责任，加大工资支付执法监察力度，及时处理欠薪争议案件，依法履行监督检查职责，对全县用人单位进行劳动保障守法诚信等级评价，广泛开展普法宣传，切实保障农民工合法权益。收到检察建议后，行政机关多次召开整改工作会议，部署专项整治活动，对照检察建议指出的问题分类施策，逐一整改。截至目前，全县住建领域工程建设项目已全部通过省、市实名制管理服务平台进行了用工登记和管理，在建工程已全部开设农民工工资专用账户，缴纳了工资保证金，行政机关对县域308家用人单位全部进行了守法诚信等级评价，还通过网络宣传和实地检查方式，发放宣传材料400余册，提醒农民工联系用人单位签订书面劳动合同，依法维护自身合法权益。

【典型意义】

在办理涉拖欠农民工工资检察监督案件中，检察机关应当充分发挥司法专业优势，运用调查核实、公开听证查清案件事实，保障农民工工资按时足额支付。同时，充分发挥行政检察监督职能，针对案件中暴露出行政机关怠于履行监管职责问题开展行政违法行为监督，制发检察建议督促行政机关依法履职，以点带面推动辖区内拖欠农民工工资问题的依法治理和源头治理。

第二节 行政违法行为检察监督规范性文件

一、最高人民检察院《关于人民检察院在履行行政诉讼监督职责中开展行政违法行为监督工作的意见》

关于人民检察院在履行行政诉讼监督职责中开展行政违法行为监督工作的意见

为深入贯彻党的二十大精神，全面落实《中共中央关于全面推进依法治国若干重大问题的决定》《中共中央关于加强新时代检察机关法律监督工作的意见》和《中华人民共和国行政诉讼法》等法律规定，在履行行政诉讼监督职责中积极稳妥开展行政违法行为监督工作，结合检察工作实际，提出如下意见。

一、提高政治站位，切实增强推进行政违法行为监督工作的自觉性、规范性与科学性

1. 重要意义。党的十八届四中全会通过的《中共中央关于全面推进依法治国若干重大问题的决定》明确提出，"检察机关在履行职责中发现行政机关违法行使职权或者不行使职权的行为，应该督促其纠正。"《中共中央关于加强新时代检察机关法律监督工作的意见》对"全面深化行政检察监督"作出部署，重申党的十八届四中全会决定提出的改革举措，要求检察机关"在履行法律监督职责中发现行政机关违法行使职权或者不行使职权的，可以依照法律规定制发检察建议等督促其纠正"。党的二十大报告强调"加强检察机关法律监督工作"。最高人民检察院印发《关于推进行刑双向衔接和行政违法行为监督构建检察监督与行政执法衔接制度的意见》，要求"积极推动行政违法行为监督工作"。在全面依法治国、建设法治中国新形势下，推进在履行行政诉讼监督职责中开展行政违法行为监督工作，对于深入贯彻习近平法治思想，落实以人民为中心的司法理念，加强检察机关法律监督，共同促进严格执法、公正司法，促进法治政府建设，推进国家治理体系和治理能力现代化具有重要意义。

2. 指导思想。各级人民检察院要坚持以习近平新时代中国特色社会主义思想为指导，深入贯彻习近平法治思想，全面落实《中共中央关于加强新时代检察机关法律监督工作的意见》，深刻领悟"两个确立"的决定性意义，不断增强"四个意识"，坚定"四个自信"，做到"两个维护"，自觉将思想和行动统一到党中央的决策部署上来，全面深化行政检察监督，促进行政机关严格规范公正文明执法，助力法治国家、法治政府、法治社会一体建设，保障国家法律统一正确实施，以检察工作现代化服务保障中国式现代化。

3. 工作原则。人民检察院在履行行政诉讼监督职责中开展行政违法行为监督，应当坚持下列原则：

——坚持党的领导。认真贯彻落实党的二十大关于"加强检察机关法律监督工作"的要求，紧紧围绕服务党和国家发展大局谋划和推进行政违法行为监督工作。向党委及其政法委汇报在履行行政诉讼监督职责中开展行政违法行为监督工作的情况，推动解决遇到的困难和问题。

——坚持以人民为中心。坚持人民至上，顺应新时代人民群众在民主、法治、公平、正义、安全、环境等方面更高水平、内涵更丰富的需求，把服务大局、司法为民融入到行政违法行为监督办案的每一个环节，着力解决人民群众急难愁盼问题，切实保护公民、法人和其他组织等行政相对人的合法权益，增强人民群众的获得感、幸福感、安全感。

——坚持依法规范监督。恪守人民检察院法律监督职能定位，秉持客观公正立场，尊重行政权运行规律，坚持有限监督，准确把握在履行行政诉讼监督职责中行政违法行为监督的范围、方式和程序，以事实为根据，以法律为准绳，实行案件化办理，遵循谦抑原则，不介入正在进行的行政程序，不代行行政权力，不替代行政诉讼。

　　——坚持精准监督。强化系统观念，聚焦对执法理念、政策导向、法律适用具有引领、创新、规范价值的典型案件办理，通过调查核实、公开听证、智慧借助等方式进行精细化审查，在准确认定行政行为违法事实、准确适用法律的基础上，提出切实可行的检察建议，并注重类案监督和专项监督，实现办理一案治理一片的效果。

　　——坚持监督与支持并重。在履行行政诉讼监督职责中发现行政机关违法行使职权或者不行使职权的，敢于监督，善于监督，有力监督；对于行政机关合法行政行为，依法支持，促进行政机关依法行政。

　　——坚持推进协同监督。积极争取党委领导、人大监督、政府和有关部门支持，推进在履行行政诉讼监督职责中的行政违法行为监督与行政执法监督、行政复议、行政诉讼等制度有机贯通、相互协调，充分发挥各自功能，形成监督合力，增强监督实效。

　　二、准确把握监督范围、标准和重点

　　4. 监督范围。人民检察院在履行行政诉讼监督职责中，发现行政机关违法行使职权或者不行使职权，符合下列条件且确有必要的，可以启动行政违法行为监督程序，依法督促其纠正：

　　（1）办理行政裁判结果监督案件，认为被诉行政行为存在违法情形，但不宜提出抗诉或者再审检察建议的；

　　（2）办理行政裁判结果监督案件，发现被诉行政行为的关联行政行为存在违法情形的；

　　（3）办理行政审判程序中审判人员违法行为监督案件，发现被诉行政行为及关联行政行为存在违法情形的；

（4）办理行政诉讼执行监督案件，发现被诉行政机关不依法履行人民法院生效判决确定的义务的；

（5）办理行政非诉执行监督案件，发现行政机关申请人民法院强制执行的行政行为及关联行政行为存在违法情形的；

（6）法律规定的其他应予监督的情形。

对于发现的行政违法行为损害国家利益和社会公共利益，具有可诉性的，依法按照行政公益诉讼程序办理。

就同一违法情形，通过行政公益诉讼已经督促行政机关纠正违法，并且实现行政相对人权利救济的，不再启动监督程序。

5. 监督标准。人民检察院经审查，有下列情形之一的，属于本意见规定的"行政机关违法行使职权或者不行使职权"：

（1）超越职权的；

（2）主要证据不足的；

（3）适用法律、法规错误的；

（4）违反法定程序的；

（5）明显不当的；

（6）不履行或怠于履行职权的。

6. 监督重点。人民检察院在履行行政诉讼监督职责中开展行政违法行为监督，应当立足行政诉讼法关于"保护公民、法人和其他组织合法权益、监督行政机关依法行使职权"的目的和任务，始终围绕中心、服务大局，瞄准严重影响经济社会高质量发展的难点、人民群众反映强烈的热点、社会治理中的堵点等重点问题，紧盯与国家重大战略实施、民生民利保障、营商环境建设等密切相关的重点领域，聚焦影响行政相对人合法权益的行政争议，加大对情节严重的行政乱作为不作为的监督力度。

三、规范案件管辖与线索管理

7. 案件管辖。人民检察院办理在履行行政诉讼监督职责中的行政违法行为监督案件，由行政机关对应的同级人民检察院管辖。行政机关为县级以上人民政府，由上一级人民检察院管辖更为适宜的，也可以由上一级人民检察院管辖。上级人民检察院可以根据办案需要，将下级人民检察院管辖的行政违法行为监督案件指定本辖区内其他人民检察院办理。上级人民检察院认为确有必要的，可以办理下级人民检察院管辖的行政违法行为监督案件。下级人民检察院认为需要由上级人民检察院办理的，可以报请上级人民检察院决定。

人民检察院对管辖权发生争议的，由发生争议的人民检察院协商解决。协商不成的，报共同的上级人民检察院指定管辖。

8. 线索发现。人民检察院行政检察部门办理行政诉讼监督案件，应当依照《人民检察院行政诉讼监督规则》的规定对被诉行政行为及关联行政行为是否存在违法情形进行调查核实，在审查终结报告中对行政诉讼监督案件提出明确的处理意见的同时，还应当对是否发现行政违法行为监督线索及如何处理线索提出明确的意见。

人民检察院对行政裁判结果监督案件决定提出抗诉或者再审检察建议，要求人民法院对被诉行政行为确认违法、确认无效、撤销、变更、要求履行法定职责或给付义务的，不再针对被诉行政行为违法情形启动行政违法行为监督程序。

9. 线索处理。人民检察院行政检察部门办理行政诉讼监督案件发现行政违法行为监督线索，区分下列情形作出处理：

（1）认为行政违法行为监督线索属于本院管辖，并符合本意见规定的监督范围的，由本院行政检察部门办理；

（2）认为行政违法行为监督线索属于其他人民检察院管辖的，应当依照《人民检察院内部移送法律监督线索工作规定》制作《线索移送表》，连同相关材料，经行政检察部门负责人审批后，向本院案件管理部门移送；

（3）依照《中华人民共和国行政诉讼法》《人民检察院公益诉讼办案规则》的规定，属于行政公益诉讼案件的，应当依照《人民检察院内部移送法律监督线索工作规定》向本院案件管理部门移送。

人民检察院行政检察部门办理行政诉讼监督案件发现行政执法机关对涉嫌犯罪案件应当移送公安机关立案侦查而不移送,或者公安机关可能存在应当立案而不立案情形的,应当依照《人民检察院内部移送法律监督线索工作规定》向本院案件管理部门移送。

四、严格办理程序

10. 个案受理。行政检察部门应当将行政违法行为监督线索录入全国检察业务应用系统。承办检察官应当对行政违法行为监督线索进行审查评估,必要时可以进行初步调查,在一个月内提出受理或者不受理的意见。经审查,行政行为属于监督范围,可能符合本意见规定的监督标准的,报请检察长批准决定受理后,交由案件管理部门登记。

11. 类案受理。人民检察院在履行行政诉讼监督职责中对行政违法行为监督案件决定受理前发现同一行政机关多个同一性质的行政行为可能存在违法情形的,应当作为一个案件受理。在提出检察建议前发现其他同一性质的行政违法行为的,应当与已受理案件一并处理。

12. 调查核实。人民检察院办理在履行行政诉讼监督职责中的行政违法行为监督案件,应当加强调查核实,调查和收集行政机关违法行使职权或者不行使职权的证据,必要时可以举行听证或者听取专家意见。调查核实的方式依照《人民检察院行政诉讼监督规则》的有关规定执行。

人民检察院调查和收集证据,不得采取限制人身自由和查封、扣押、冻结财产等强制性措施。

检察人员调查和收集证据应当保守国家秘密和工作秘密,对调查和收集证据中知悉的商业秘密和个人隐私予以保密。

13. 处理决定。承办检察官审查终结后,应当制作行政违法行为监督案件审查终结报告。审查终结报告应当全面、客观、公正地叙述案件事实,依照法律提出明确的处理意见。人民检察院对审查终结的行政违法行为监督案件,应当区分情况分别作出提出检察建议、移送有关部门处理或者终结审查的决定。

14. 提出检察建议。人民检察院认为行政机关存在违法行使职权或者不行使职权情形的，经检察长批准或者检察委员会研究决定，可以依照《人民检察院检察建议工作规定》制发检察建议等督促其纠正。

（1）对于行政机关违反法律规定的行为或者不作为，可以依法向行政机关提出检察建议；

（2）对于行政机关社会治理工作存在《人民检察院检察建议工作规定》列举情形的，可以提出社会治理的检察建议；

（3）行政机关既存在违法行使职权或者不行使职权的问题，又存在社会治理方面的问题需要改进的，可以在督促行政机关纠正违法或者履行职责的检察建议中一并提出。

省级以下人民检察院办理在履行行政诉讼监督职责中的行政违法行为监督案件，拟向县级以上人民政府提出检察建议的，报省级人民检察院审批。省级人民检察院办理的行政违法行为监督案件，拟向省级人民政府提出检察建议的，报最高人民检察院审批。

对同一行政机关行政行为同类违法情形，应当制发一份检察建议。人民检察院可以将检察建议书抄送被建议行政机关本级的人大常委会、人民政府及监察机关或者上一级行政机关。

15. 终结审查。有下列情形之一的，人民检察院应当终结审查：

（1）未发现行政机关有违法行使职权或者不行使职权情形的；

（2）行政机关已经自行纠正行政违法行为或者已经依法履行法定职责、给付义务的；

（3）行政相对人或者利害关系人与行政机关就可调解的行政事项已经达成和解协议，且不损害国家利益、社会公共利益或者他人合法权益的；

（4）其他应当终结审查的情形。

终结审查的，应当制作《终结审查决定书》。

16. 移送有关部门处理。人民检察院在办理行政违法行为监督案件中发现属于纪检监察机关管辖的公职人员涉嫌职务违法犯罪线索的，依照《关于人民检察院向纪检监察机关移送问题线索工作的实施意见》规定的移送程序办理；发现属于人民检察院侦查部门管辖的司法工作人员相关涉嫌职务犯罪线索的，依照《人民检察院内部移送法律监督线索工作规定》的移送程序办理；发现涉嫌其他刑事犯罪线索的，移送公安机关依法处理。

17. 办理期限。人民检察院办理行政违法行为监督案件，应当自决定受理之日起三个月内审查终结并作出决定，但调卷、鉴定、审计等期间不计入审查期限。有特殊情况需要延长审查期限的，由本院检察长批准。

18. 跟踪反馈。人民检察院应当采取询问、走访等方式对发出的检察建议及时予以跟踪督促。对未按期回复、回复情况与实际不符、未整改的，可以提请上一级人民检察院跟进监督，或者向行政机关本级纪检监察机关和上一级行政机关通报，必要时可以向地方党委、人大常委会报告。相关责任人员涉嫌违纪违法的，将案件线索移送纪检监察机关。

行政检察部门应当将办理结果及时书面告知移送案件线索的相关部门。

19. 请示报告和备案。人民检察院办理重大、疑难、复杂以及有重大社会影响的案件，应当依照相关规定向上一级人民检察院报告。人民检察院向行政机关发出的检察建议书，应当于五日内依照《人民检察院检察建议工作规定》报上一级人民检察院备案。

20. 参照办理。人民检察院行政检察部门在行政执法和刑事司法反向衔接工作中，发现行政主管机关违法行使职权或者不行使职权的，参照本意见办理。

未成年人检察、知识产权检察等综合履职部门在履行职责中发现行政违法行为监督案件的，依照本意见规定办理。

五、完善配套工作机制

21. 信息共享机制。完善检察机关与行政执法机关、公安机关、审判机关、司法行政机关执法司法信息共享、案情通报、案件移送制度。

22. 司法责任制。人民检察院办理行政违法行为监督案件实行司法责任制，承办检察官对案件事实认定和提出的处理意见负责。向其他机关提出检察建议、移送线索等办案事项，可以召开检察官联席会议讨论，经部门负责人审核后，报检察长决定。对于重大复杂疑难或者在当地有较大影响的案件，由检察长提交检察委员会讨论决定。

23. 一体化办案机制。上级人民检察院应当加强对下级人民检察院行政违法行为监督业务指导，发挥案件提办、督办、交办机制作用，需要异地检察机关配合的，异地检察机关应当提供必要的协助。各级人民检察院检察长应当加强统一领导，畅通部门间线索移送渠道，发挥不同业务部门专业性优势，增强监督效能。

24. 协同机制。推进刑事检察、民事检察、行政检察、公益诉讼检察深度融合发展，优化检察机关内部统筹协调机制，完善"四大检察"协调配合、线索移送管理机制。建立健全人民检察院听取行政机关意见制度。强化系统观念，协同参与政府开展的行政执法监督、案件评查等活动，开展行政违法行为监督，形成监督合力，增强监督实效。

六、加强组织领导

25. 加强工作指导。各省级人民检察院要精心部署，统筹谋划，结合本地实际，制定具体可行的实施意见、工作指引、操作规程。上级人民检察院要加强督促检查，研究确定监督重点，加强案例指导，指导各地工作开展，确保监督质量和效果。

26. 积极争取支持。积极争取党委、人大的重视与支持，定期或者不定期报告行政违法行为监督工作情况，协同参与党委及其政法委开展的执法监督，人大常委会开展的执法检查，确保在党的领导和人大监督下积极稳妥推进。

27. 加强理论研究。注重在实践中总结经验，提供可借鉴可复制模式。突出改革意识和问题导向，加强与学术界的沟通、交流，深入研究行政违法行为监督的理论基础、职权配置和运行规律。加强立法研究，适时推动相关法律修改完善。

28. 充实加强行政检察力量。各级人民检察院尤其是市县两级人民检察院，应当根据行政违法行为监督开展情况，及时配齐配强行政检察人员。

29. 做好舆论引导。正确把握宣传导向和严格执行宣传纪律，坚持双赢多赢共赢，及时回应社会关切，正确引导社会预期，为在履行行政诉讼监督职责中的行政违法行为监督工作发展营造良好的舆论环境。

二、灌云县委办公室《关于加强基层行政执法与检察监督衔接工作的实施意见》

关于加强基层行政执法
与检察监督衔接工作的实施意见

（灌委办〔2012〕51号）

各乡镇党委、人民政府，县委各部委办，县各委办局院，县各直属单位，驻灌省市属单位：

为了加强基层行政执法监督工作，提高基层法治建设水平，为推动全县基层科学发展，建设幸福新灌云提供法律保障，根据有关法律、法规和《关于加强行政执法与刑事司法衔接工作的意见》（中办发〔2011〕8号）文件精神，结合我县实际，现就加强基层行政执法与检察监督衔接工作制定如下实施意见：

一、充分认识加强基层行政执法与检察监督衔接工作的重要意义

（一）加强基层行政执法与检察监督相衔接，是维护社会主义法制统一、实现社会公平正义的重要举措。全县各基层行政执法单位、派驻检察室要从有利于打击犯罪、严格执法、规范管理、依法行政、促进和谐社会建设的大局出发，切实提高认识，统一执法思想，加强协作配合，努力建立权责明确、行为规范、协调一致、监督有效的行政执法与检察监督衔接工作机制。

（二）加强基层行政执法与检察监督相衔接，是规范行政执法行为的内在要求。乡镇是行政执法"集聚地"，有交通、国土、规划、城管、计生、水利等众多部门，行政执法面广量大，涉及利益关系众多，加强行政执法监督，可以有效地规范执法行为，促进基层行政执法单位依法履行公务，推进法治乡镇建设。

（三）加强基层行政执法与检察监督相衔接，是维护社会和谐稳定的迫切需要。从目前基层执法情况看，不规范、不文明、不公正、不及时、不严格、不全面的"六不"问题时有发生。对此，必须加强基层行政执法监督工作，积极抓好工作的衔接与实施，从根本上遏制基层行政执法不规范的问题，以创建和谐稳定的社会环境。

二、深刻把握基层行政执法与检察监督相衔接工作的主要内容

（一）基层行政执法单位应依照法律、法规行使职责；人民检察院及其派驻镇检察室可依法独立行使法律监督权。

（二）派驻检察室要充分运用《检察意见书》《检察建议书》等形式加强对基层行政执法的监督。对于在监督中发现的行政执法及行政执法过程中存在的渎职、失职、贪污受贿等行为，有可能涉嫌犯罪的，应及时移送反贪、反渎部门立案查处；对严重侵害国家利益和当事人合法权益的，应及时移送民事行政检察部门处理；对涉嫌其他刑事犯罪的，及时移送公安机关立案侦查。

（三）派驻检察室发现工作辖区内行政执法单位有下列情形之一的，应依法向乡镇政府有关部门发出《检察意见书》予以监督：

1. 涉嫌犯罪的案件应当移送而不移送的；

2. 隐匿、销毁涉案电品或者私分涉案财物的；

3. 以行政处罚代替刑事责任追究的；

4. 在行政执法过程中有贪污受贿、滥用职权、玩忽职守行为的；

5. 其他需要发出检察意见的。

乡镇政府有关部门应当自收到《检察意见书》之日起十日内，书面答复派驻检察室。

（四）派驻检察室在检察监督工作中发现行政执法机关有下列情形之一的，可以发出《检察建议书》：

1. 行业主管部门或者主管机关需要加强或者改进本行业或者部门监督管理工作的；

2. 对行政管理相对人的行为应当给予处分、行政处罚的；

3. 行政执法机关在执法过程中带有倾向性不规范问题，需要改进的；

4. 预防违法犯罪方面管理不善、制度不健全、不落实，存在犯罪隐患的；

5. 其他需要提出检察建议的。

乡镇政府有关部门应当自收到《检察建议书》之日起十五日内，书面答复派驻检察室。

（五）派驻检察室在检察监督工作中发现行政执法机关作出的行政处罚、行政强制措施、行政审批决定具有下列情形之一的，可以提出监督意见：

1. 主要证据不足的；

2. 适用法律、法规、规章错误的；

3. 严重违反法定程序的；

4. 超越职权的；

5. 滥用职权的；

6. 对行政处罚畸轻畸重的；

7. 行政执法机关严重侵犯公民、法人和其他组织人身权、财产权的；

8. 应当作为而不作为，引起当事人严重不满的。

乡镇政府有关部门应从收到监督意见之日起十五日内，书面答复派驻检察室。

（六）派驻检察室在监督过程中，可随时调阅行政执法部门的执法卷宗。

三、建立和完善基层行政执法与检察监督相衔接的工作制度

（一）联合监督制度。县依法治县领导小组每半年组织县优化办、县法制办、县纪委纠风办、派驻检察室等部门，对基层行政执法部门的执法情况进行检查监督考核，对存在违法行政等问题的，依据不同情况，分别作行政或法律上的监督纠正；对行政执法人员有涉嫌贪污受贿、渎职侵权等违纪违法行为的，应当根据案件性质，及时移送纪检监察机关或人民检察院处理。

（二）信息通报制度。派驻乡镇检察室与工作辖区内乡镇法治建设办公室要确定专门人员，负责日常的信息交流，各基层执法单位的统计报表应及时报送派驻检察室，以实现信息共享。

（三）联席会议制度。乡镇政法委应定期组织召开行政执法工作联席会议。每季度至少召开会议一次，派驻检察室应当派员参加。会议应通报近期执法及处罚情况、涉嫌犯罪案件移送处理情况、检察监督情况，并研究和协调解决行政执法工作中的一些突出问题。

（四）备案制度。各基层行政执法单位具有下列情况之一的，应当将有关执法的材料复印件送达派驻检察室进行备案：1. 当事人不服行政处罚，并可能到当地政府或上级机关上访的；2. 当地或全县有重大影响的案件；3. 适用法律、法规有较大争议的案件；4. 其他应当需要报备的。

（五）警示教育制度。派驻乡镇检察室与辖区内各乡镇政法委要紧密配合，定期或不定期组织开展有关行政机关执法人员的法治教育以及廉政警示教育。

四、切实加强对基层行政执法与检察监督衔接工作的组织领导

各乡镇、各有关部门要把加强基层行政执法与检察监督衔接工作列入重要议事日程，精心组织，加强领导，县、乡成立此项工作领导小组，定期研究解决行政执法和检察监督衔接工作中的重大问题；经常督促相关部门处理好行政执法与检察监督的关系。依法治县领导小组办公室为行政执法监督的牵头单位,要切实发挥综合协调作用,组织推动各项工作顺利开展。同时,要切实加强对基层行政执法工作的检查和考核,把基层行政执法是否规范、可能涉嫌犯罪的案件是否依法及时移送及检察监督情况一并纳入乡镇政府和有关部门的综合考核评价体系。

中共灌云县委办公室
灌云县人民政府办公室
2012年6月11日

三、灌云县人大常委会《关于提升检察建议质效的若干规定》

关于提升检察建议质效的若干规定

(2012年12月26日灌云县第十五届人民代表大会
常务委员会第五次会议通过)

开展检察建议工作是加强基层行政执法监督、提高基层法治建设水平、推进依法治县工作的有效措施。根据《中华人民共和国地方各级人民代表大会和地方各级人民政府组织法》和《中华人民共和国各级人民代表大会常务委员会监督法》等规定,结合本县实际,作出如下规定。

一、检察机关在履行法律监督职能过程中,应当积极运用检察建议,督促有关机关和单位正确实施法律法规,纠正不当执法行为,加强内部制约、监督,完善社会管理、服务机制,及时化解社会矛盾纠纷,以维护国家法制统一,预防和减少违法犯罪,促进经济发展和社会和谐稳定。

二、提出检察建议,应当立足检察职能,结合执法办案,坚持依法、及时、注重实效的原则。

三、检察建议包括对行政机关、企事业单位发出的加强内部和行业管理的建议，也包括对侦查机关、审判机关和司法行政机关发出的法律监督建议。

四、检察建议除送达被建议单位外，应抄送被建议单位的上级主管机关或县人民政府，报县人大常委会备案。

五、被建议单位要高度重视检察建议工作，收到检察建议后，应及时研究制定切实可行的整改措施，并认真组织整改，以确保检察建议落实到位。被建议单位在收到检察建议后一个月内应回复检察建议落实情况。

六、检察机关应对检察建议落实情况进行跟踪回访，并定期向人大常委会报告落实结果。对检察建议落实不到位的单位，及时予以提醒，要求被建议单位认真落实并回复。

七、被建议单位无异议且拒不落实回复的，经县人大常委会相关工作机构调查核实后，可启动询问或质询程序。

八、对于事关民生民利等重大问题，在收到检察建议备案后，县人大常委会适时组织检查、视察，以确保落实实效。

九、被建议单位对检察建议有异议的应书面提出，检察机关应当进行核实，并将核实情况反馈给被建议单位。

十、检察机关要定期对检察建议落实情况进行综合、分析和评估，不断提出加强和改进检察建议工作的意见。

十一、检察机关应定期组织被建议单位座谈，交流落实检察建议的经验和做法，分析、探讨检察建议落实过程中存在的问题和原因，积极寻求解决办法。

十二、被建议单位对检察机关开展的相关活动应当积极配合。

十三、检察机关应定期编印《检察建议简报》，对有关被建议单位落实检察建议的情况进行通报。应定期向县人大常委会报告检察建议工作情况，主动接受监督。

十四、县人大常委会对检察建议落实情况，根据工作安排适时组织年度评议。

十五、本规定由县人大常委会负责解释。

十六、本规定自通过之日起施行。

四、灌云县委办公室、灌云县人民政府办公室《关于印发〈行政执法与检察监督衔接工作实施细则〉的通知》

关于印发《行政执法与检察监督衔接工作实施细则》的通知

（灌委办〔2013〕28号）

各乡镇党委、人民政府，县委各部委办，县各委办局院，县各直属单位：

《行政执法与检察监督衔接工作实施细则》已经县委、县政府研究同意，现印发给你们，希遵照执行。

中共灌云县委办公室

灌云县人民政府办公室

2013年3月27日

行政执法与检察监督衔接工作实施细则

第一章 总 则

第一条 为了规范和完善行政执法监督工作，防范行政执法不作为、乱作为、履职不到位、渎职侵权等问题的发生，维护社会公平正义，促进依法行政和社会和谐稳定，根据有关法律法规和《关于加强行政执法与刑事司法衔接工作的意见》（中办发〔2011〕8号）以及《关于加强基层行政执法与检察监督衔接工作的实施意见》（灌委办〔2012〕51号）文件精神,制定本细则。

第二条 人民检察院对行政执法工作实施监督。

第三条 行政执法机关与人民检察院应当建立案件信息报备查询政务网络平台,人民检察院应及时入网查询。

第四条 派驻检察室检察监督辖区内乡镇一级具有行政执法权或受委托从事行政执法的单位,以及县级行政执法机关的派出机构。其中包括派出所、司法所、国土所、规划办、安监所、水利站、农经站、计生办、防保所以及工商分局、环保分局、规划分局、安监分局、交警中队、运管所、渔政站等。

第五条 县级行政执法机关检察监督工作由县检察院组织实施。

第二章 监督模式

第六条 行政执法的监督模式为"党委领导、人大支持、政府负责、检察监督、部门司职"。

(一)党委领导。县乡(镇)党委对行政执法和执法监督的理念、方式、效能等方面作出统一规定,对执法监督力量进行统一领导,对重大行政执法监督案件加强协调;

(二)人大支持。定期要求县乡镇两级人大对行政执法工作进行评议,对检察建议的落实情况进行监督,并研究解决行政执法监督工作中的重大疑难事项;

(三)政府负责。县政府加强对执法活动、执法过程和执法效能的全程监督和考核验收;

(四)检察监督。检察机关依照法律规定,对行政执法活动进行静态和动态监督,受理举报、监督案件、纠正违法;

(五)部门司职。县乡(镇)执法主体应主动接受检察监督,依法行政,做到及时、有效、公开、公平、公正执法。

第三章 监 督 范 围

第七条 人民检察院在行政执法过程中对下列行政执法行为实施监督：

（一）不依法履行职责，工作中严重失职渎职的；

（二）不依法查封、取缔、给予行政处罚，产生严重后果的；

（三）事故发生后，有关部门不立即组织抢险救灾、贻误抢救时机造成事故扩大，产生严重后果的；

（四）对事故隐瞒不报、谎报、拖延迟报，产生严重后果的；

（五）其他渎职行为。

第八条 人民检察院发现行政执法机关有下列情形之一的，应依法向乡镇人民政府、有关部门发出《检察意见书》予以监督：

（一）涉嫌犯罪的案件应当移送而不移送的；

（二）单位或者个人举报的行政执法机关应当移送涉嫌犯罪的案件而不移送的；

（三）隐匿、销毁涉案物品或者私分涉案财物的；

（四）以行政处罚代替刑事责任追究的；

（五）在行政执法过程中贪污受贿、渎职等行为的。

各部门应当自收到《检察意见书》之日起十日内，书面答复人民检察院。

第九条 人民检察院在检察监督工作中发现行政执法机关有下列情形之一的，可以发出《检察建议书》：

（一）行政执法单位或部门在行政执法过程中因管理不完善、制度不健全、存在管理漏洞的；

（二）行业主管部门或者主管机关需要加强或者改进本行业或者部门监督管理工作的；

（三）对行政管理相对人的行为应当给予处分、行政处罚的；

（四）行政执法机关在执法过程中存在苗头性、倾向性的不规范问题，需要改进的；

（五）履职不及时，执法不到位，对存在问题需要及时整改的；

（六）有可能出现违法犯罪苗头需要加强预防的；

（七）其他需要提出检察建议的。

乡镇人民政府、有关部门应当自收到《检察建议书》之日起三十日内，书面答复人民检察院。

第十条 人民检察院在检察监督工作中发现行政执法机关作出的行政处罚、行政强制措施、行政审批决定等具有下列情形之一的，可以向作出具体行政行为的行政执法机关发出《法律监督意见书》予以监督：

（一）主要证据不足的；

（二）适用法律、法规、规章错误的；

（三）严重违反法定程序的；

（四）滥用职权的；

（五）行政执法机关侵犯公民、法人和其他组织人身权、财产权的。

乡镇人民政府、有关部门应当自收到《法律监督意见书》之日起十五日内，书面答复人民检察院。

第四章 监督程序

第十一条 县检察院应根据监督工作需要，规范监督程序，制作工作流程图，并严格执行。

第十二条 联合监督检查，需经检察长批准，报县委领导同意后实施；专项监督检查，需经检察长同意后，由检察院会同行政执法部门统一组织实施。

第十三条 在监督检查前，需拟定监督检查方案，明确监督内容和重点、时间安排、方法步骤、目的要求，经检察长同意后，方可组织实施。

第十四条 对监督检查发现的问题，应集体讨论，分清性质。需要制作相关法律文书的，需报请检察长或分管检察长同意并签发后，方可向相关单位发出《检察建议书》、《检察意见书》或《法律监督意见书》，并报县人大备案。

第十五条 对监督检查发现的共性和倾向性问题，县检察院应及时进行风险研判，写出风险研判报告和问题汇总报告，报县人民政府，供政府领导决策参考。

第十六条 对受理行政执法方面的举报、信访件，应及时登记，指派专人承办。对一些重要举报和信访件的调查核实，需经检察长审批。

第五章 监督机制

第十七条 跟踪监督检查机制。及时受理行政执法方面的举报线索，对构成渎职、贪污受贿的及时移送反贪、反渎部门立案查处；对构成其他刑事犯罪的及时移送公安机关立案侦查；对不构成犯罪的线索，根据有关规定做好答复或处理工作；对监督行政执法行为的结果进行跟踪监督。同时，通过定期或不定期地调取行政执法单位有关执法卷宗，审查行政执法的程序是否合法，处罚是否适当，对发现问题及时进行纠正。

第十八条 联合监督检查机制。县检察院会同县法制办、县纪委等部门，每半年对基层行政执法部门的执法情况进行检查监督，对存在违法行政等问题的，依据不同情况，分别作行政或法律上的监督纠正；对行政执法人员有涉嫌贪污受贿、渎职侵权等违纪违法行为的，应当根据案件性质，及时移送纪检监察机关或人民检察院处理。

第十九条 专项监督检查机制。采取查系统、系统查的方法，与行政执法部门共同检查，针对群众反映比较突出问题，深入查找在行政执法过程中存在的问题，并进行梳理归类、分析评估、风险研判，依据检察职能发出《检察建议书》、《检察意见书》或《法律监督意见书》。

第二十条 监督与预防并重机制。坚持监督与预防并重，打造好《行政执法监督与预防教育中心》，定期或不定期组织由行政执法人员的法制教育及廉政警示教育,并接受行政执法机关和单位的行政决策咨询和预防对策建议。

第六章 报 备

第二十一条 报备采取网上和纸质两种途径。行政执法单位在行政执法过程中,具有下列情形之一的应当报备:

(一) 涉案金额在 3 万元以上的;

(二) 处罚金额或没收款物价值在 5000 元以上的;

(三) 作出行政处罚决定后违法行为不能有效制止且继续进行,可能导致案件性质发生改变或升级的;

(四) 适用法律、法规有争议的;

(五) 当事人不服,认为行政处罚畸轻畸重或适用法律、法规不当的;

(六) 违法行为同时触犯法律、法规两条以上,可能出现两种完全不同行政结果的;

(七) 可能引发当事人到当地政府或县级以上机关或政府上访的;

(八) 在当地或者全县具有较大影响的案件;

(九) 严重侵害国家、集体利益、人民生命财产安全的案件;

(十) 其他可能严重影响全县社会稳定和经济社会发展大局的案件。

第二十二条 报备材料

(一) 案件事实及相关证据;

(二) 认定的法律、法规依据;

(三) 行政处理及拟处理意见。

第二十三条 报备期限

(一) 根据《关于加强基层行政执法与检察监督相衔接工作实施意见》中规定的报备期限进行报备。

(二) 本细则实施意见中未列明的情形,均应当在行政行为作出后十个工作日内及时报备辖区检察室。

第七章　法律与行政责任

第二十四条　对行政执法单位的执法人员违规执法构成职务犯罪的，由县检察院负责调查处理；对不构成犯罪的或对法律监督工作推诿、阻挠的，县检察院移送纪检监察部门处理。

第二十五条　乡镇人民政府、有关行政执法机关对《检察意见书》、《检察建议书》、《法律监督意见书》不受理、不答复、不纠正违法行政行为的，由县检察院提请人大启动问责程序。

第二十六条　本细则从下发之日起施行。

五、灌云县人大常委会《关于印发〈灌云县行政执法检察监督工作实施办法（试行）〉的通知》

关于印发《灌云县行政执法检察监督工作实施办法（试行）》的通知

（灌人大〔2015〕9号）

县人民政府、县人民法院、县人民检察院：

《灌云县行政执法检察监督工作实施办法（试行）》已经县十五届人大常委会第二十次会议审议通过，现印发给你们，请认真遵照执行。

灌云县人大常委会

二〇一五年三月七日

灌云县行政执法检察监督工作实施办法（试行）

第一章　总　　则

第一条　为了贯彻落实中共中央《关于全面推进依法治国若干重大问题的决定》和中共中央办公厅、国务院办公厅《关于加强行政执法与刑事司法衔接工作的意见》（中办发〔2011〕8号），保障县人民检察院依法履行监督职责，提升县、乡（镇）政府治理能力，防范行政执法不作为、乱作为、履职不到位、渎职侵权等问题的发生，维护社会公平正义，促进依法行政与社会和谐稳定，推进法治政府建设，根据《中华人民共和国刑法》、《中华人民共和国刑事诉讼法》和《中华人民共和国行政诉讼法》等法律并结合本县实际，制定本办法。

第二条　县人民检察院依据宪法和有关法律的规定对行政执法行为进行监督。县人民检察院应当围绕群众反映强烈的关系民生民利领域的行政处罚和针对重大行政违法行为进行监督；对可能造成严重危害后果的行政违法行为，可以提前介入，及时监督。

第三条　县、乡（镇）行政执法机关与县人民检察院应当建立案件信息报送、备案查询政务网络平台。县、乡（镇）行政执法机关应当在作出行政行为之日起五日内将该行为录入网络平台，县人民检察院应及时入网查询。

第四条　县人民检察院有权对县各行政执法机关及其派出机构、乡镇一级具有行政执法权或受委托从事行政执法的机关的行政执法行为予以监督。

派驻检察室有权对辖区内乡镇一级具有行政执法权或受委托从事行政执法的机关，以及县级行政执法机关的派出机构行政执法行为予以监督。

第二章　监督范围

第五条　县、乡（镇）行政执法机关作出如下行政处罚行为时，经当事人申请或者县人民检察院依职权发现，县人民检察院可以予以监督：

（一）违法罚款；

（二）违法没收所得、非法没收财物；

（三）违法责令停产停业；

（四）违法暂扣或者吊销许可证、非法暂扣或吊销执照；

（五）违法行政拘留；

（六）其他违反法定程序的行政处罚行为。

第六条　县、乡（镇）行政执法机关作出如下行政强制措施时，经当事人申请或者县人民检察院依职权发现，县人民检察院可以予以监督：

（一）违法限制公民人身自由；

（二）违法查封场所、设施或者财物；

（三）违法扣押财物；

（四）违法冻结存款、汇款；

（五）其他违反法定程序的行政强制措施行为。

第七条　县、乡（镇）行政执法机关作出如下行政许可时，经当事人申请或县人民检察院依职权发现，县人民检察院可以予以监督：

（一）直接涉及国家安全、公共安全、经济宏观调控、生态环境保护以及直接关系人身健康、生命财产安全等特定活动，未按法定条件予以批准的事项；

（二）有限自然资源开发利用、公共资源配置以及直接关系公共利益的特定行业的市场准入等，未按规定赋予特定权利的事项；

（三）提供公众服务并且直接关系公共利益的职业、行业，未按规定确定具备特殊信誉、特殊条件或者特殊技能等资格、资质的事项；

（四）直接关系公共安全、人身健康、生命财产安全的重要设备、设施、产品、物品，未按照技术标准、技术规范，通过检验、检测、检疫等方式进行审定的事项；

（五）未按规定实施行政许可的其他事项。

第八条 县、乡（镇）行政执法机关执法过程中有下列行为之一的，县人民检察院应当予以监督：

（一）不依法履行职责，工作中严重失职渎职的；

（二）不依法实施行政处罚、行政强制措施和行政许可，产生严重后果的；

（三）事故发生后，有关部门不立即组织抢险救灾、贻误抢救时机造成事故扩大，产生严重后果的；

（四）对事故隐瞒不报、谎报、拖延迟报，产生严重后果的；

（五）行政执法人员徇私舞弊，对依法应当移送司法机关追究刑事责任而不移送的；

（六）其他渎职行为。

第九条 县、乡（镇）行政执法机关执法过程中可能造成下列情形之一的，县人民检察院可以提前介入监督：

（一）可能引发当事人到当地政府或县级以上机关或政府群体上访的；

（二）可能对社会产生较大不良影响的；

（三）可能对国家、集体利益、人民生命财产安全严重侵害的；

（四）其他可能产生严重影响损害社会稳定和经济社会发展大局的。

第三章 监督方式

第十条 县人民检察院对行政执法检察监督中发现的问题，可以根据问题的性质和严重程度，分别采取以下方式予以监督：

（一）提出检察建议；

（二）提出检察意见；

（三）纠正违法；

（四）支持起诉；

（五）督促起诉；

（六）提起行政公益诉讼；

（七）提请行政抗诉；

（八）职务犯罪查处。

第十一条 县人民检察院在检察监督工作中发现县、乡（镇）行政执法机关有下列情形之一的，可以向县、乡（镇）行政执法机关提出检察建议：

（一）在行政执法过程中因管理不完善、制度不健全、存在管理漏洞的；

（二）行业主管部门需要加强或者改进本行业监督管理工作的；

（三）在执法过程中存在苗头性、倾向性的不规范问题，需要改进的；

（四）履职不及时，执法不到位，对存在问题需要及时整改的；

（五）有可能出现违法犯罪苗头需要加强预防的；

（六）其他需要提出检察建议的。

县、乡（镇）行政执法机关应当自收到《检察建议书》之日起三十日内，书面答复县人民检察院。

第十二条 县人民检察院发现县、乡（镇）行政执法机关有下列情形之一的，应当向有关县、乡（镇）行政执法机关提出检察意见：

（一）县人民检察院对县、乡（镇）行政执法机关执法人员决定不起诉案件，对被不起诉人需要给予行政处罚、行政处分的；

（二）涉嫌犯罪的案件应当移送而不移送的；

（三）单位或者个人举报的行政执法机关应当移送的涉嫌犯罪的案件而不移送的。

县、乡（镇）行政执法机关应当自收到《检察意见书》之日起十日内，书面答复人民检察院。

第十三条 县人民检察院在检察监督工作中发现县、乡（镇）行政执法机关有本办法第五条、第六条、第七条、第八条规定情形之一的，可以向作出行政行为的县、乡（镇）行政执法机关提出纠正违法。

县、乡（镇）行政执法机关应当自收到《纠正违法通知书》之日起十五日内，书面答复县人民检察院。

第十四条 县人民检察院对于国家利益、社会公共利益遭受非法侵害，且可以通过行政诉讼途径获得救济的案件，可以依据《中华人民共和国行政诉讼法》规定，支持有权行政机关依法提起行政诉讼。对负有监管、维护职责的机关不履行或者怠于履行职责，县人民检察院应督促其依法提起行政诉讼。

第十五条 县人民检察院对于国家利益、社会公共利益遭受非法侵害，且可以通过民事诉讼途径获得救济的案件，可以依据《中华人民共和国民事诉讼法》规定，支持有权行政机关依法提起民事诉讼。县人民检察院对负有监管、维护职责的机关不履行或者怠于履行职责，应督促其依法提起民事诉讼。

县、乡（镇）行政执法机关应当自收到县人民检察院督促起诉意见书三十日内，书面回复人民检察院。

第十六条 对县、乡（镇）行政执法机关怠于履行职责致使国家或者社会公共利益遭受损害的，县人民检察院有权对县、乡（镇）行政执法机关提起行政公益诉讼。

第十七条 县、乡（镇）行政执法机关不服县人民法院行政判决、裁定，有权依法向县人民检察院申诉，县人民检察院经调查后认定须改判的，应依据《中华人民共和国行政诉讼法》的相关规定，提请市人民检察院抗诉。

第十八条 县人民检察院在检察监督工作中发现县、乡（镇）行政执法机关有本办法第九条规定情形之一的，有权依据《中华人民共和国刑事诉讼法》《中华人民共和国刑法》相关规定处理。

第四章 监 督 程 序

第十九条 县人民检察院应根据监督工作需要，规范监督程序，制定行政执法检察监督工作实施细则，并严格执行。

第二十条 联合监督检查，需经检察长批准；专项监督检查，需经检察长同意后，由县人民检察院会同有关行政执法部门统一组织实施。

第二十一条 在监督检查前，需拟定监督检查方案，明确监督内容和重点、时间安排、方法步骤、目的要求，经检察长同意后，组织实施。

第二十二条 对监督检查发现的问题，应集体讨论，分清性质。需要制作相关法律文书的，需报请检察长或分管检察长同意并签发后，方可向相关单位发出相应法律文书，并送县政府法制部门备案。

第二十三条 对监督检查发现的共性和倾向性问题，县人民检察院应及时进行风险研判，撰写监督检查工作报告，供县政府决策参考。

第二十四条 县人民检察院受理行政执法方面的举报、信访件，应及时登记，指派专人承办。对一些重要举报和信访件的调查核实，需经检察长审批。

第二十五条 县、乡（镇）行政执法机关在行政执法过程中，具有下列情形之一的应当网上报送、备案：

（一）行政执法机关作出罚款；没收违法所得、没收非法财物；责令停产停业；暂扣或者吊销许可证、暂扣或吊销执照；行政拘留等行政处罚的；

（二）行政执法机关作出限制公民人身自由；查封场所、设施或者财物；扣押财物；冻结存款、汇款等行政强制措施；

（三）行政执法机关对直接涉及国家安全、公共安全、经济宏观调控、生活环境保护以及直接关系人身健康、生命财产安全等特定活动予以批准的事项；赋予有限自然资源开发利用、公共资源配置以及直接关系公共利益的特定行业的市场准入等特定权利的事项；对提供公众服务并且直接关系公共利益的职业、行业，予以确定具备特殊信誉、特殊条件或者特殊技能等资格、资质的事项；对直接关系公共安全、人身健康、生命财产安全的重要设备、设施、产品、物品进行审定的事项等予以行政许可的；

（四）其他需要报送、备案的情形。

第二十六条 县人民检察院认为必要的，可以要求县、乡（镇）行政执法机关网上报送、备案的同时予以纸质报送、备案。报送、备案纸质材料应当包括以下方面的材料：

（一）案件事实及相关证据；

（二）认定的法律、法规依据；

（三）行政处理及拟处理意见。

县、乡（镇）行政执法机关报送、备案纸质材料应当在行政行为作出之日起十个工作日内报送县人民检察院。

第五章 法 律 责 任

第二十七条 对行政执法机关的执法人员违规执法涉嫌构成职务犯罪的，由县人民检察院负责调查处理；尚未构成犯罪的或对法律监督工作推诿、阻挠的，县人民检察院移送纪检监察部门处理。

第二十八条 县、乡（镇）行政执法机关对县人民检察院发出的法律文书不受理、不答复、不纠正违法行政行为的，县人民检察院可以依据县人大常委会《关于提升检察建议质效的若干规定》提请县人大常委会启动询问或质询程序。

第六章 附 则

第二十九条 本办法自县人大常委会通过之日起施行。

六、灌云县人大常委会《关于印发〈灌云县行政执法检察监督工作实施办法（修订稿）〉的通知》

关于印发《灌云县行政执法检察监督工作实施办法（修订稿）》的通知

（灌人大〔2023〕5号）

县人民政府、监察委员会、人民法院、人民检察院，县人大各专门委员会、县人大常委会各工作机构：

《灌云县行政执法检察监督工作实施办法（修订稿）》已经灌云县第十七届人大常委会第九次会议通过，现予以印发。

灌云县人民代表大会常务委员会
2023年3月28日

灌云县行政执法检察监督工作实施办法（修订稿）

（2023年3月25日灌云县第十七届人民代表大会常务委员会第九次会议通过）

第一章 总 则

第一条 为深入贯彻习近平法治思想，全面落实《中共中央关于加强新时代检察机关法律监督工作的意见》，进一步完善法治监督体系，充分发挥行政检察监督职能作用，防范行政执法不作为、乱作为、履职不到位、渎职侵权等问题的发生，维护社会公平正义，促进依法行政和社会和谐稳定，推进市域社会治理体系和治理能力现代化，根据《中华人民共和国宪法》《中华人民共和国刑法》《中华人民共和国刑事诉讼法》《中华人民共和国各级人民代表大会常务委员会监督法》《中华人民共和国人民检察院组织法》《中华人民共和国行政诉讼法》《人民检察院行政诉讼监督规则》《检察监督办案基本规范》等法律法规，结合本县实际，制定本办法。

第二条　县人民检察院依据宪法和有关法律的规定对行政执法行为进行监督，县人民检察院应当围绕群众反映强烈的关系民生民利领域的行政处罚和针对重大行政违法行为进行监督；对可能造成严重危害后果的行政违法行为，可以提前介入，及时监督。

第三条　县人民检察院有权对县各行政执法机关及其派出机构、乡镇一级具有行政执法权或受委托从事行政执法的机关的行政执法行为予以监督。

第二章　监　督　范　围

第四条　县、镇（街）行政执法机关作出如下行政处罚行为时，经当事人申请或者县人民检察院依职权发现，县人民检察院可以予以监督：

（一）违法罚款；

（二）违法没收所得、非法没收财物；

（三）违法责令停产停业；

（四）违法暂扣或者吊销许可证、非法暂扣或吊销执照；

（五）违法行政拘留；

（六）其他违反法定程序的行政处罚行为。

第五条　县、镇（街）行政执法机关作出如下行政强制措施时，经当事人申请或者县人民检察院依职权发现，县人民检察院可以予以监督：

（一）违法限制公民人身自由；

（二）违法查封场所、设施或者财物；

（三）违法扣押财物；

（四）违法冻结存款、汇款；

（五）其他违反法定程序的行政强制措施行为。

第六条 县、镇（街）行政执法机关作出如下行政许可时，经当事人申请或县人民检察院依职权发现，县人民检察院可以予以监督：

（一）直接涉及国家安全、公共安全、经济宏观调控、生态环境保护以及直接关系人身健康、生命财产安全等特定活动，未按法定条件予以批准的事项；

（二）有限自然资源开发利用、公共资源配置以及直接关系公共利益的特定行业的市场准入等，未按规定赋予特定权利的事项；

（三）提供公众服务并且直接关系公共利益的职业、行业，未按规定确定具备特殊信誉、特殊条件或者特殊技能等资格、资质的事项；

（四）直接关系公共安全、人身健康、生命财产安全的重要设备、设施、产品、物品，未按照技术标准、技术规范，通过检验、检测、检疫等方式进行审定的事项；

（五）未按规定实施行政许可的其他事项。

第七条 县、镇（街）行政执法机关执法过程中可能造成下列情形之一的，县人民检察院可以提前介入监督：

（一）可能引发当事人到当地政府或县级以上机关或政府群体上访的；

（二）可能对社会产生较大不良影响的案件；

（三）可能对国家、集体利益、人民生命财产安全严重侵害的案件；

（四）其他可能产生严重影响损害全县社会稳定和经济社会发展大局的案件。

第三章 监督方式

第八条 县人民检察院对行政执法行为可以采取以下方式予以监督：

（一）检察建议；

（二）检察意见；

（三）支持起诉；

（四）督促起诉；

（五）提起行政公益诉讼；

（六）提请行政抗诉。

第九条 县人民检察院在检察监督工作中发现县、镇（街）行政执法机关有下列情形之一的，可以向县、镇（街）行政执法机关提出检察建议：

（一）在行政执法过程中因管理不完善、制度不健全、存在管理漏洞的；

（二）行业主管部门或者主管机关需要加强或者改进本行业或者部门监督管理工作的；

（三）在执法过程中存在苗头性、倾向性的不规范问题，需要改进的；

（四）履职不及时，执法不到位，对存在问题需要及时整改的；

（五）有可能出现违法犯罪苗头需要加强预防的；

（六）其他需要提出检察建议的。

第十条 县、镇（街）行政执法机关应当秉持依法行政原则，自觉接受检察监督，对县人民检察院提出的检察建议，县、镇（街）行政机关应当认真研究落实，除另有规定外，应当自收到检察建议书之日起两个月内作出处理，并书面回复人民检察院。

第十一条 县人民检察院在遵循合法、自愿原则，且不损害国家和社会公共利益，不损害他人合法权益，与人民法院所作出生效行政判决不相冲突的情况下，对下列案件可以促成当事人和解：

（一）行政赔偿、行政补偿以及行政机关行使法律、法规规定的自由裁量权的行政检察监督案件；

（二）行政机关不履行法定职责引起的行政检察监督案件；

（三）行政协议引起的行政检察监督案件；

（四）行政裁决、行政登记、行政许可等涉及行政争议与民事纠纷交叉的行政检察监督案件；

（五）其他通过和解更有利于依法公正解决当事人实质性诉求的行政检察监督案件。

第十二条 行政机关和行政相对人达成和解的，县人民检察院可以主持制作和解协议书，和解协议书应当由当事人签字。

第十三条 县人民检察院开展行政争议实质性化解过程中，发现社会治理工作存在问题的，可以向有关单位和部门提出改进工作、完善治理的检察建议。

第十四条 县人民检察院对于国家利益、社会公共利益遭受非法侵害，且可以通过民事诉讼途径获得救济的案件，可以依据《中华人民共和国民事诉讼法》规定，支持有权行政机关依法提起民事诉讼，以维护其合法权益。

第十五条 县、镇（街）行政执法机关不服县人民法院行政判决、裁定，有权依法向县人民检察院申诉，县人民检察院依据《中华人民共和国行政诉讼法》的相关规定，依法提请上一级人民检察院抗诉。

第十六条 县人民检察院因履行法律监督职责的需要，有权依法调阅被监督单位的卷宗材料或者其他文件，询问当事人、案外人或者其他有关人员，收集证据材料的，有关单位和个人应当协助配合。

对于无正当理由拒绝协助调查和接受监督的单位和个人，县人民检察院可以建议监察机关或者该单位的上级主管机关依法依规处理。发现行政执法人员涉嫌职务违法或者职务犯罪线索的，应当按照规定移送县纪检监察机关依法处理。

第十七条 县人民检察院、县司法行政部门应当健全和完善信息共享及协作配合工作机制，及时通报行政检察、依法行政及行政复议开展情况，建立健全信息共享、线索移送、案件协查、共同预防、重大行政执法案件报备等协作配合工作机制，加强行政检察与行政复议、行政检察监督与行政执法监督的相互衔接。

第十八条　县人民检察院与县司法行政部门应当积极推进行政执法与行政检察信息共享平台的建立和运行，县各行政机关应当将行政执法案件相关信息全面、准确、及时录入，县各行政机关未按规定录入执法信息的，司法行政部门应予督促；县人民检察院应当定期向县各行政机关反馈行政检察办案信息。

第四章　监　督　程　序

第十九条　县人民检察院应根据监督工作需要，规范监督程序，制定行政执法检察监督工作实施细则，并严格执行。

第二十条　联合监督检查，需经检察长批准；专项监督检查，需经检察长同意后，由县人民检察院会同有关行政执法部门统一组织实施。

第二十一条　在监督检查前，需拟定监督检查方案，明确监督内容和重点、时间安排、方法步骤、目的要求，经检察长同意后，方可组织实施。

第二十二条　对监督检查发现的问题，应集体讨论，分清性质。需要制作相关法律文书的，需报请检察长或分管检察长同意并签发后，方可向相关单位发出相应法律文书。

第二十三条　对监督检查发现的共性和倾向性问题，县人民检察院应及时进行风险研判，撰写监督检查工作报告，供县政府决策参考。

第二十四条　县人民检察院受理行政执法方面的举报、信访件，应及时登记，指派专人承办。对一些重要举报和信访件的调查核实，需经检察长审批。

第二十五条　县、镇（街）行政执法机关在行政执法过程中，具有下列情形之一的应当网上报送、备案：

（一）行政执法机关作出罚款；没收违法所得、没收非法财物；责令停产停业；暂扣或者吊销许可证、暂扣或吊销执照；行政拘留等行政处罚的；

（二）行政执法机关作出限制公民人身自由；查封场所、设施或者财物；扣押财物；冻结存款、汇款等行政强制措施的；

（三）行政执法机关对直接涉及国家安全、公共安全、经济宏观调控、生态环境保护以及直接关系人身健康、生命财产安全等特定活动予以批准的事项；赋予有限自然资源开发利用、公共资源配置以及直接关系公共利益的特定行业的市场准入等特定权利的事项；对提供公众服务并且直接关系公共利益的职业、行业，予以确定具备特殊信誉、特殊条件或者特殊技能等资格、资质的事项；对直接关系公共安全、人身健康、生命财产安全的重要设备、设施、产品、物品进行审定的事项等予以行政许可的；

（四）其他需要报送、备案的情形。

第二十六条　县人民检察院认为必要的，可以要求县、镇（街）行政执法机关网上报送备案的同时予以纸质报送、备案。报送、备案纸质材料应当包括以下方面的材料：

（一）案件事实及相关证据；

（二）认定的法律、法规依据；

（三）行政处理及拟处理意见。

第二十七条　县、镇（街）行政执法机关报送、备案材料应当在行政行为作出之日起十个工作日内报送县人民检察院。

第二十八条　建立定期向县人大报告工作制度，县人民检察院就行政执法监督工作中的突出问题，定期向县人大常委会汇报。

第五章　法　律　责　任

第二十九条　对行政执法机关的执法人员违规执法涉嫌构成职务犯罪的，由县人民检察院依照规定移送有关机关处理；尚未构成犯罪的或对法律监督工作推诿、阻挠的，县人民检察院移送纪检监察部门处理。

第三十条　县、镇（街）有关行政执法机关对县人民检察院发出的法律文书不受理、不答复、不纠正违法行政行为的，县人民检察院可以提请人大启动询问或质询程序。

第六章 附 则

第三十一条 本办法自县人大常委会通过之日起施行。

七、海州区人大常委会《海州区行政执法检察监督工作实施办法（试行）》

海州区行政执法检察监督工作实施办法（试行）

（2016年9月22日海州区第十七届人民代表大会
常务委员会第三十九次会议通过）

第一章 总 则

第一条 为了规范和保障区人民检察院依法履行监督职责，促进依法行政与惩治和预防职务犯罪，推进法治海州建设，根据《中华人民共和国宪法》、《中华人民共和国民事诉讼法》、《中华人民共和国行政诉讼法》、《中华人民共和国行政处罚法》、《中华人民共和国行政强制法》、《中华人民共和国行政许可法》、《全国人民代表大会常务委员会关于授权最高人民检察院在部分地区开展公益诉讼试点工作的决定》、《最高人民检察院关于贯彻落实〈中共中央关于全面推进依法治国若干重大问题的决定〉的意见》、《人民检察院检察建议工作规定（试行）》、《最高人民检察院关于深入推进民事行政检察工作科学发展的意见》以及推进司法改革的有关要求，结合本区实际，制定本办法。

第二条 本办法所称的行政执法检察监督，是指人民检察院在履行职责中，发现行政机关存在违法行为，致使国家利益、社会公共利益和利害关系人合法权益受到严重损害的，依法督促其纠正的法律监督活动。

第三条 人民检察院实施行政执法检察监督，应当以事实为依据，以法律为准绳，坚持依法监督、有限监督、及时监督原则。

第四条 检察机关对行政执法监督应当坚持党委领导、人大监督、政府负责、检察实施、部门司职的监督模式。

第五条 区、乡（镇）一级行政机关与区人民检察院应当建立案件信息备案查询政务网络平台，人民检察院应及时入网查询并开展监督。

第六条 本实施办法所适用的行政执法机关包括区级行政执法机关及其派出机构、乡镇人民政府、乡镇一级具有行政执法权或受委托从事行政执法活动的单位以及法律、法规、规章授权的其他组织。

第二章　报送、备案

第七条 行政执法机关在行政执法过程中，具有下列情形之一的，应当网上报送、备案：

（一）行政执法机关作出罚款；没收违法所得、没收非法财物；责令停产停业；暂扣或者吊销许可证、暂扣或吊销执照；行政拘留等行政处罚的；

（二）行政执法机关作出限制公民人身自由；查封场所、设施或者财物；扣押财物；冻结存款、汇款等行政强制措施；

（三）行政执法机关对直接涉及国家安全、公共安全、经济宏观调控、生态环境保护以及直接关系人身健康、生命财产安全等特定活动予以批准的事项；赋予有限自然资源开发利用、公共资源配置以及直接关系公共利益的特定行业的市场准入等特定权利的事项；对提供公众服务并且直接关系公共利益的职业、行业，予以确定具备特殊信誉、特殊条件或者特殊技能等资格、资质的事项；对直接关系公共安全、人身健康、生命财产安全的重要设备、设施、产品、物品进行审定的事项等予以行政许可的；

（四）其他需要报送、备案的情形。

第八条 行政执法机关作出的下列重大行政处罚应当通过"两法"衔接信息平台报送、备案：

（一）对公民处以 5000 元以上、对法人或者其他组织处以 20000 元以上的罚款，或者没收同等数额以上的违法所得、非法财物；

（二）责令停产停业 1 个月以上；

（三）吊销经营性许可证或者执照；

（四）涉及民生特别是环境污染和危害食品药品安全被行政处罚的案件；

（五）涉及信访风险、影响社会稳定的行政处罚案件；

（六）当事人不服认为行政处罚畸轻畸重或适用法律法规不当的行政处罚案件；

（七）行政执法机关查处的虽未达到刑事追诉标准，但接近追诉标准（违法犯罪数额达到追诉标准 80% 以上），具有其他严重情节的行政处罚案件；

（八）行政执法机关查处的认为情节严重、案情复杂，难以确定是否构成犯罪的行政处罚案件；

（九）国家规定的其他重大行政处罚决定。

第九条 行政机关应当在作出行政处罚、行政强制措施、行政许可的决定之日起 10 日内予以网上报送、备案；行政执法机关向公安机关移送涉嫌犯罪案件时，应当同时将案件移送书及有关材料报送区人民检察院备案。

第十条 区人民检察院认为必要的，可以要求行政执法机关网上报送、备案的同时予以纸质报送、备案。报送、备案纸质材料应当包括以下方面的材料：

（一）案件事实及相关证据；

（二）认定的法律、法规依据；

（三）行政处理及拟处理意见。

行政执法机关报送、备案纸质材料应当在行政行为作出之日起十个工作日内报送区人民检察院。

第十一条 区行政机关应当通过行政权力网报送行使行政处罚权、行政许可权、行政强制措施权的业务部门工作职能、具有行政执法资格人员名单。

第十二条 依法受委托组织作出的重大行政处罚、重大行政强制措施、重大行政许可决定，应当由委托机关负责报送、备案。

第十三条 重大行政处罚、重大行政强制措施、重大行政许可的报送、备案不影响该决定的执行；但报送、备案后区人民检察院审查发现该决定严重违法或明显不当需要停止执行的，依法停止执行。

第十四条 区人民检察院应当加强对备案工作的监督，不按规定报送、备案的，可以提出检察建议；情节严重的，提请区人大常委会对行政机关主要负责人进行问责。

第三章 监督范围

第十五条 行政执法机关作出如下行政处罚行为时，经当事人申请或者区人民检察院依职权发现，区人民检察院可以予以监督：

（一）违法罚款；

（二）违法没收违法所得、非法没收财物；

（三）违法责令停产停业；

（四）违法暂扣或者吊销许可证、非法暂扣或吊销执照；

（五）违法行政拘留；

（六）其他违反法定程序的行政处罚行为。

第十六条 行政执法机关作出如下行政强制措施时，经当事人申请或者区人民检察院依职权发现，区人民检察院可以予以监督：

（一）违法限制公民人身自由；

（二）违法查封场所、设施或者财物；

（三）违法扣押财物；

（四）违法冻结存款、汇款；

（五）其他违反法定程序的行政强制措施行为。

第十七条 行政执法机关作出如下行政许可时，经当事人申请或区人民检察院依职权发现，区人民检察院可以予以监督：

（一）直接涉及国家安全、公共安全、经济宏观调控、生态环境保护以及直接关系人身健康、生命财产安全等特定活动，未按法定条件予以批准的事项；

（二）有限自然资源开发利用、公共资源配置以及直接关系公共利益的特定行业的市场准入等，未按规定赋予特定权利的事项；

（三）提供公众服务并且直接关系公共利益的职业、行业，未按规定确定具备特殊信誉、特殊条件或者特殊技能等资格、资质的事项；

（四）直接关系公共安全、人身健康、生命财产安全的重要设备、设施、产品、物品，未按照技术标准、技术规范，通过检验、检测、检疫等方式进行审定的事项；

（五）未按规定实施行政许可的其他事项。

第十八条 行政执法机关执法过程中有下列行为之一的，区人民检察院应当予以监督：

（一）不依法履行职责，工作中严重失职渎职的；

（二）不依法实施行政处罚、行政强制措施和行政许可，产生严重后果的；

（三）事故发生后，有关部门不立即组织抢险救灾、贻误抢救时机造成事故扩大，产生严重后果的；

（四）对事故隐瞒不报、谎报、拖延迟报，产生严重后果的；

（五）行政执法人员徇私舞弊，对依法应当移送司法机关追究刑事责任而不移送的；

（六）其他失职渎职行为。

第十九条 行政执法机关执法过程中可能造成下列情形之一的，区人民检察院可以提前介入监督：

（一）可能引发当事人到当地政府或县级以上机关或政府群体上访的

案件；

（二）可能对社会产生较大不良影响的案件；

（三）可能对国家、集体利益、人民生命财产安全严重侵害的案件；

（四）其他可能产生严重影响损害社会稳定和经济社会发展大局的案件。

第四章　审　　查

第二十条　人民检察院审查行政执法检察监督案件，应当主要围绕行政行为是否合法进行审查。

第二十一条　人民检察院审查行政执法检察监督案件，可以采取以下调查措施：

（一）向有关单位查询、调取、复制与检察监督事项相关的文件、资料及其他相关的材料；

（二）询问案件相关人员；

（三）咨询和听取专业人员、相关部门或者行业协会等对专门性问题的意见；

（四）委托鉴定、审计、评估；

（五）勘验物证、现场；

（六）其他因案件需要可以采取的调查措施。

人民检察院调查核实，不得采取限制人身自由和查封、扣押、冻结财产等强制性措施。

第二十二条　承办人审查终结后，应当制作审查终结报告。审查终结报告应当全面、客观、公正地叙述案件事实，依据法律提出处理意见。

第二十三条　案件应当经集体讨论形成处理意见，并由办理案件的部门负责人提出审核意见后报检察长批准或提请检察委员会讨论决定。

第二十四条　人民检察院应当在三个月内审查终结并作出决定，有特殊情况需要中止审查的，经检察长批准，可中止审查，待中止审查事由消失后恢复审查。

第五章 监督方式

第二十五条 区人民检察院对行政执法检察监督中发现的问题，可以根据问题的性质和严重程度，分别采取以下方式予以监督：

（一）提出检察建议；

（二）督促起诉；

（三）支持起诉；

（四）提起公益诉讼；

（五）查处职务犯罪。

第二十六条 区人民检察院在检察监督工作中发现行政执法机关有下列情形之一的，可以提出检察建议：

（一）在行政执法过程中因管理不完善、制度不健全，存在管理漏洞的；

（二）行业主管部门需要加强或者改进本行业监督管理工作的；

（三）在执法过程中存在苗头性、倾向性的不规范问题，需要改进的；

（四）履职不及时，执法不到位，对存在问题需要及时整改的；

（五）有可能出现违法犯罪苗头需要加强预防的；

（六）其他需要提出检察建议的。

第二十七条 人民检察院发现行政执法机关在执法活动中有下列情形之一，致使国家利益、社会公共利益或者利害关系人合法权益受到严重损害，尚未构成犯罪的，应当提出检察建议：

（一）超越职权、滥用职权的；

（二）未履行或者怠于履行法定职责的；

（三）行政主体不适格的；

（四）违反法定程序行使职权的；

（五）违反法律规定，影响人民法院公正审理行政诉讼案件的；

（六）具有其他违法情形的。

第二十八条 区人民检察院在检察监督工作中发现行政执法机关有本办法第十五条、第十六条、第十七条、第十八条规定情形之一的，可以向作出行政行为的行政执法机关提出纠正违法检察建议。

第二十九条 人民检察院在履行职责中发现环境污染、食品药品安全领域侵害众多消费者合法权益等损害社会公共利益的行为，可以通过民事诉讼途径获得救济的，人民检察院应当先行督促、支持法律规定的机关或有关组织向人民法院提起民事公益诉讼。人民检察院在依法经过诉前程序后，法律规定的机关和有关组织仍未提起民事诉讼，社会公共利益仍处于受侵害状态的，人民检察院按规定履行报批程序，可以依法以公益诉讼人身份向人民法院提起民事诉讼。

第三十条 人民检察院在履行职责中发现生态环境和资源保护、国有资产保护、国有土地使用权出让等领域负有监督管理职责的行政机关违法行使职权或者不作为，造成国家和社会公共利益受到侵害，人民检察院在依法经过诉前程序后，相关行政机关仍然拒不纠正违法行为或不履行法定职责，国家和社会公共利益仍处于受侵害状态的，人民检察院按规定履行报批程序，可以依法以公益诉讼人身份向人民法院提起行政诉讼。

第三十一条 行政执法机关认为区人民检察院监督不当的，可以向区人民检察院提出书面意见。

区人民检察院收到该书面意见后，应当及时进行复议；必要时可以组织听证会，邀请区人大代表、政协委员、人民监督员、专家、区人民政府法制办公室的代表和其他群众代表参加；在充分听取各方意见后作出是否维持原监督意见的决定。行政执法机关不同意决定的，有权向连云港市人民检察院提出复核意见。

第三十二条 人民检察院发现行政机关及其工作人员在行政执法过程中存在贪污、受贿、渎职等违法犯罪行为的，应依照有关法律予以查处。

第三十三条 有下列情形之一的，人民检察院应当终结审查：

（一）行政违法行为已被撤销的；

（二）行政机关已自行纠错的；

（三）其他应当终结审查的情形。

第三十四条 区人民检察院在工作中发现，行政执法机关在执法过程中，存在严重违法情节，可能造成严重危害后果，可以提前介入调查。

第三十五条 区人民检察院对行政执法机关作出的行政执法检察监督的法律文书，应当在作出决定后三日内报区人大备案，同时抄送区政府法制部门。

第六章　协 作 机 制

第三十六条 区人民检察院应当与区人民法院、纪检监察机关、政府法制部门、行政执法机关等健全联系沟通工作机制，建立信息资源共享和行政执法协作平台，加强在行政执法监督领域的工作交流与协作，加强监督工作的衔接，形成监督合力。

第三十七条 行政执法机关出台涉及行政处罚、行政强制措施、行政许可的规范性文件，应当在发文之日起三日内抄送区人民检察院，重大的行政执法活动应当事先告知区人民检察院。

规范性文件违反法律法规规定的，检察机关可参照对具体行政行为监督方式向发文机关提出检察建议。

第三十八条 行政执法机关应当依法接受区人民检察院开展行政法律监督工作。行政执法机关依法向公安机关移送涉罪案件的，应当同时将案件移送情况向区人民检察院备案。在查处行政案件中，发现行政执法机关工作人员职务犯罪线索的，应当及时移送区人民检察院。

第三十九条 建立联合检查监督和专项检察监督机制，检察机关对行政执法机关被动作为，不及时、不按规定移送行政处罚案件的情况，会同区政府法制部门、行政执法监察部门等定期、不定期的开展执法检查活动，或者会同特定领域部门开展专项行动，全面掌握行政执法信息，及时发现并督促整改行政执法中暴露出来的问题，采取有效措施，遏制和预防违法犯罪行为的发生，促成问题的整改。

第四十条 积极推动建立联席会议与联络员会议制度。建立由政府法制部门和人民检察院联合协作的行政执法检察监督联席会议制度。

联席会议主要研究行政执法检察监督工作中的重大问题，原则上每年召开一次。在联席会议制度下，配套建立联络员会议制度，联络员会议主要通报工作进展情况，原则上每半年召开一次。

第七章 法律责任

第四十一条 对行政执法机关的执法人员违规执法涉嫌职务犯罪的，由区人民检察院负责调查处理；尚未构成犯罪的或对法律监督工作推诿、阻挠的，区人民检察院移送纪检监察部门处理。

第四十二条 行政执法机关应当自收到《检察建议书》之日起三十日内，书面回复区人民检察院。三十日内未书面回复或者无正当理由不采纳检察建议，经检察机关提醒、督促仍不回复或不予整改的，检察机关可以提请同级人大常委会依法监督。

第四十三条 人民检察院的行政执法监督，行政机关应当积极配合，不得拒绝、拖延、推诿。

第四十四条 人民检察院办理行政执法检察监督案件，应当严格遵守相关检察纪律和办案规范，不得干涉行政机关正常的执法活动，不得谋取任何私利，不得滥用监督权力。违反法律、纪律的，依法依纪追究相关责任。

第八章 附 则

第四十五条 本办法由区人民检察院负责解释。

第四十六条 本办法自区人大常委会通过之日起施行。

八、海州区人民代表大会常务委员会《关于修改〈海州区行政执法检察监督工作实施办法（试行）〉的决定》

关于修改《海州区行政执法检察监督工作实施办法（试行）》的决定

(2021年11月26日海州区第十八届人民代表大会常务委员会第三十九次会议通过)

海州区第十八届人民代表大会常务委员会第三十九次会议决定对《海州区行政执法检察监督工作实施办法（试行）》作如下修改：

一、在第一条中增加《关于加强新时代检察机关法律监督工作的意见》，删除"与惩治和预防职务犯罪"、《全国人民代表大会常务委员会关于授权最高人民检察院在部分地区开展公益诉讼试点工作的决定》。

二、删除第十一条、第十八条、第十九条。

三、将第二十五条改为第二十二条，删除第一款第（五）项。

四、删除第三十二条、第三十四条。

五、将第三十五条改为第三十条，第三十六条改为第三十一条，将其中的"区政府法制部门"改为"区司法局"。

六、将第四十条改为第三十五条，将第二款中"联席会议每年召开一次"改为"每半年召开一次"、"联络员会议每半年召开一次"改为"每季度召开一次"。

本决定自发布之日起施行。

《海州区行政执法检察监督工作实施办法（试行）》根据本决定作相应修改并对条款顺序作相应调整，重新公布。

九、中共海州区委、海州区人民政府《关于印发〈关于推进行政违法行为检察监督着力优化法治营商环境工作的实施办法〉的通知》

关于印发《关于推进行政违法行为检察监督着力优化法治营商环境工作的实施办法》的通知

（海委发〔2023〕21号）

各镇党委、街道党工委，各镇人民政府、街道办事处，区委各部委，区各办局院社、群团组织，高新区各园区办、各部门、各中心，各有关单位：

《关于推进行政违法行为检察监督着力优化法治营商环境工作的实施办法》已经区委常委会会议审议通过，现印发给你们，请结合实际认真贯彻落实。

中共海州区委员会　海州区人民政府
2023年6月16日

关于推进行政违法行为检察监督着力优化法治营商环境工作的实施办法

第一章　总　　则

第一条　为了深入推进《中共中央关于加强新时代检察机关法律监督工作的意见》的贯彻执行，进一步规范和保障人民检察院依法履行行政违法行为检察监督职责，促进行政机关依法行政，打造行政合规体系建设，着力优化法治营商环境，推动法治海州建设，根据《中华人民共和国宪法》《中华人民共和国民事诉讼法》《中华人民共和国行政诉讼法》等规定，结合本区实际，制定本办法。

第二条 本办法所称的行政违法行为检察监督，是指人民检察院发现行政机关存在违法行使职权或者不行使职权的，致使国家利益、社会公共利益和利害关系人合法权益受到严重损害的，依法督促其纠正的法律监督活动。

第三条 实施行政违法行为检察监督，应当以事实为依据，以法律为准绳，坚持依法监督、有限监督、及时监督、精准监督原则。紧紧围绕服务大局，聚焦人民群众反映强烈的突出问题，聚焦与营商环境密切相关的重点领域开展监督。

第四条 实施行政违法行为检察监督，应当坚持党委领导、人大监督、政府负责、检察实施、部门司职的监督模式。

第五条 本实施办法所适用的行政执法机关包括区级行政执法机关及其派出机构、乡镇人民政府、乡镇一级具有行政执法权或受委托从事行政执法活动的单位以及法律、法规授权的其他组织。

第二章 监督范围

第六条 行政执法机关作出如下行政处罚行为时，人民检察院可以予以监督：

（一）违法罚款；

（二）违法没收违法所得、没收非法财产；

（三）违法责令停产停业；

（四）违法暂扣或者吊销许可证件；

（五）违法行政拘留；

（六）其他违反法定程序的行政处罚行为。

第七条 行政执法机关作出如下行政强制措施时，人民检察院可以予以监督：

（一）违法限制公民人身自由；

（二）违法查封场所、设施或者财物；

（三）违法扣押财物；

（四）违法冻结存款、汇款；

（五）其他违反法定程序的行政强制措施行为。

第八条 行政执法机关作出如下行政许可时，人民检察院可以予以监督：

（一）直接涉及国家安全、公共安全、经济宏观调控、生态环境保护以及直接关系人身健康、生命财产安全等特定活动，未按法定条件予以批准的事项；

（二）有限自然资源开发利用、公共资源配置以及直接关系公共利益的特定行业的市场准入等，未按规定赋予特定权利的事项；

（三）提供公众服务并且直接关系公共利益的职业、行业，未按规定确定具备特殊信誉、特殊条件或者特殊技能等资格、资质的事项；

（四）直接关系公共安全、人身健康、生命财产安全的重要设备、设施、产品、物品，未按照技术标准、技术规范，通过检验、检测、检疫等方式进行审定的事项；

（五）未按规定实施行政许可的其他事项。

第三章 监督方式

第九条 人民检察院对行政违法行为检察监督中发现的问题，可以根据问题的性质和严重程度，分别采取以下方式予以监督：

（一）提出检察建议；

（二）督促起诉；

（三）支持起诉；

（四）提起公益诉讼。

第十条 人民检察院在检察监督工作中发现行政执法机关有下列情形之一的，可以提出检察建议：

（一）在行政执法过程中因管理不完善、制度不健全，存在管理漏洞的；

（二）行业主管部门需要加强或者改进本行业监督管理工作的；

（三）在执法过程中存在苗头性、倾向性的不规范问题，需要改进的；

（四）履职不及时，执法不到位，对存在问题需要及时整改的；

（五）其他需要提出检察建议的。

第十一条 人民检察院发现行政执法机关在执法活动中有下列情形之一，致使国家利益、社会公共利益或者利害关系人合法权益受到严重损害，尚未构成犯罪的，应当提出检察建议：

（一）超越职权、滥用职权的；

（二）未履行或者怠于履行法定职责的；

（三）行政主体不适格的；

（四）违反法定程序行使职权的；

（五）违反法律规定，影响人民法院公正审理行政诉讼案件的；

（六）具有其他违法情形的。

第十二条 人民检察院在检察监督工作中发现行政执法机关有本办法第六条、第七条、第八条规定情形之一的，可以向作出行政行为的行政执法机关提出纠正违法检察建议。

第十三条 人民检察院在履行职责中发现环境污染、食品药品安全领域侵害众多消费者合法权益等损害社会公共利益的行为，可以通过民事诉讼途径获得救济的，人民检察院应当先行督促、支持法律规定的机关或有关组织向人民法院提起民事公益诉讼。人民检察院在依法经过诉前程序后，法律规定的机关和有关组织仍未提起民事诉讼，社会公共利益仍处于受侵害状态的，人民检察院按规定履行报批程序，可以依法以公益诉讼起诉人身份向人民法院提起民事公益诉讼。

第十四条 人民检察院在履行职责中发现生态环境和资源保护、国有资产保护、国有土地使用权出让等领域负有监督管理职责的行政机关违法行使职权或者不作为，造成国家和社会公共利益受到侵害，人民检察院在依法经过诉前程序后，相关行政机关仍然拒不纠正违法行为或不履行法定职责，国家和社会公共利益仍处于受侵害状态的，人民检察院按规定履行报批程序，可以依法以公益诉讼起诉人身份向人民法院提起行政公益诉讼。

第十五条　行政执法机关认为人民检察院监督不当的，可以向人民检察院提出复议申请；必要时可以组织听证会，邀请人大代表、政协委员、人民监督员、专家、司法局的代表和其他群众代表参加，在充分听取各方意见后作出是否维持原监督意见的决定。

第十六条　有下列情形之一的，人民检察院应当终结审查：

（一）行政违法行为已被撤销的；

（二）行政机关已自行纠错的；

（三）其他应当终结审查的情形。

第四章　协作机制

第十七条　成立由政法委牵头，司法局、人民检察院和行政执法机关共同参与的企业合规建设与监管委员会，发挥资源整合的优势，实现检察、行政同向发力，强化刑事、行政有效衔接，共同推进行政合规体系化建设，切实优化法治营商环境。

第十八条　行政执法机关应当依法接受人民检察院开展行政法律监督工作。行政执法机关依法向公安机关移送涉罪案件的，应当同时将案件移送情况向人民检察院备案。在查处行政案件中，发现行政执法机关工作人员职务犯罪线索的，应当及时移送监察委员会。

第十九条　建立联合检查监督和专项检查监督机制，人民检察院对行政执法机关被动作为，不及时、不按规定移送行政处罚案件的情况，会同司法局定期、不定期的开展执法检查活动，或者会同特定领域部门开展专项行动，全面掌握行政执法信息，及时发现并督促整改行政执法中暴露出来的问题，采取有效措施，遏制和预防违法犯罪行为的发生，促成问题的整改。

第二十条 建立由司法局和人民检察院联合协作的行政违法行为监督联席会议制度。

联席会议主要研究行政违法行为监督工作中的重大问题，原则上每半年召开一次。在联席会议制度下，配套建立联络员会议制度，联络员会议主要通报工作进展情况，原则上每季度召开一次。

第二十一条 人民检察院应当与人民法院、监察委员会、司法局、行政执法机关等健全联系沟通工作机制，建立信息资源共享和行政执法协作平台，行政执法机关向人民检察院提供、开放执法数据、信息端口，加强在行政违法行为监督领域的工作交流与协作，加强监督工作的衔接，形成监督合力。

第五章　法 律 责 任

第二十二条 在行政违法行为检察监督过程中，发现行政执法机关的执法人员可能涉嫌违法犯罪的，移交监察委员会调查处理。

第二十三条 行政执法机关应当自收到《检察建议书》之日起两个月内，书面回复人民检察院。两个月内未书面回复或者无正当理由不采纳检察建议，经人民检察院提醒、督促仍不回复或不予整改的，人民检察院可以提请同级人大常委会依法监督。

第二十四条 人民检察院的行政违法行为监督，行政机关应当积极配合，不得拒绝、拖延、推诿。

第二十五条 人民检察院办理行政违法行为检察监督案件，应当严格遵守相关检察纪律和办案规范，不得干涉行政机关正常的执法活动，不得谋取任何私利，不得滥用监督权力。违反法律、纪律的，依法依纪追究相关责任。

第六章 附 则

第二十六条 本办法由海州区人民检察院负责解释。

第二十七条 本办法自印发之日起施行。

十、海州区人大常委会《关于印发海州区人大常委会〈关于提升检察建议质效的若干规定〉的通知》

关于印发海州区人大常委会
《关于提升检察建议质效的若干规定》的通知

（海人大〔2023〕33 号）

区人民政府、区监察委员会、区人民法院、区人民检察院：

海州区人大常委会《关于提升检察建议质效的若干规定》，已经海州区第十八届人民代表大会常务委员会第五次会议通过，海州区第十九届人民代表大会常务委员会第十二次会议第一次修订。现印发给你们，请遵照执行。

海州区人大常委会
2023 年 10 月 16 日

关于提升检察建议质效的若干规定

（2017 年 9 月 27 日海州区第十八届人民代表大会常务委员会第五次会议通过 2023 年 9 月 27 日海州区第十九届人民代表大会常务委员会第十二次会议第一次修订）

为进一步发挥检察建议的功能效果，保障法律的统一正确实施，推进依法行政、公正司法，维护社会和谐稳定，根据《中华人民共和国宪法》、《中华人民共和国各级人民代表大会常务委员会监督法》、《中华人民共和国人民检察院组织法》等法律的规定，结合海州实际，就提升检察建议质效作出如下规定：

一、检察建议是人民检察院依法履行法律监督职责，参与社会治理，维护司法公正，促进依法行政，预防和减少违法犯罪，保护国家利益和社会公共利益，维护个人和组织合法权益，保障法律统一正确实施的重要方式。

二、区检察院要忠实履行法律监督职责，不断增强检察建议的针对性，确保检察建议工作的依法高效运行。

提出检察建议，要坚持严格依法、准确及时、必要审慎、注重实效的原则，建议的内容应明确具体，切实可行。检察建议的适用情形和内容应符合法律、法规及其他有关规定。

三、检察建议主要包括以下类型：

（一）再审检察建议；

（二）纠正违法检察建议；

（三）公益诉讼检察建议；

（四）社会治理检察建议；

（五）其他检察建议。

四、区检察院因履行法律监督职责需要，依法向有关单位及工作人员调查核实有关情况，必要时可以调阅、复制相关卷宗材料或者其他文件，有关单位及个人应当积极配合。

五、区检察院向有关单位提出检察建议，应当在提出后七日内报区人大常委会备案，对涉及事项社会影响大、群众关注度高、违法情形具有典型性、所涉问题应当引起有关部门重视的检察建议书，区检察院应当抄送同级党委、政府、纪检监察机关或者被建议单位的上级机关、行政主管部门以及行业自律组织等。

六、人民检察院提出检察建议，除另有规定外，应当要求被建议单位自收到检察建议书之日起两个月以内作出相应处理，并书面回复人民检察院。因情况紧急需要被建议单位尽快处理的，可以根据实际情况确定相应的回复期限。

七、被建议单位对检察建议如有异议，可于收到检察建议书后十日内向区检察院书面提出。区检察院对被建议单位的异议应当进行核实研究，并在十五日内书面答复被建议单位。被建议单位的异议和区检察院的答复由区检察院报区人大常委会备案。

八、区检察院应当及时提醒、督促，协助被建议单位落实好检察建议。被建议单位在规定期限内不回复或者无正当理由不采纳检察建议，区检察院可以建议区人大常委会依法提起专题询问或质询，同时可以建议监察机关或者该单位的上级主管机关依法依规处理。

区人大常委会认为必要的，可以启动监督程序，召开专题会议进行审议。

九、区人大常委会对相关单位落实检察建议情况给予常态化和长效化监督，适时组织专项检查、视察和年度评议。

十、对纳入区人大常委会履职评议的相关单位负责人，其所在单位收到检察建议的，须一并向区人大常委会报告检察建议的落实情况。

十一、区人大常委会依照宪法和法律的规定，通过开展调研视察、听取和审议专项工作报告、执法检查等监督方式，对区检察院开展检察建议工作实施监督。对于认定事实及法律依据不足或者缺乏针对性、可操作性的检察建议，应要求区检察院撤回。

十二、加强人大代表议案建议与检察建议的衔接转化工作，对重点议案建议办理情况进行跟踪督办，增强监督实效。

十三、本规定由区人大常委会负责解释。

本规定自发文之日起施行。

附件　行政违法行为监督工作发表的论文成果

依托乡镇检察室探索基层行政执法与检察监督衔接机制[*]

自 2010 年 10 月 11 日最高人民检察院出台《关于进一步加强和规范检察机关延伸法律监督触角促进检力下沉工作的指导意见》后,各地检察机关积极探索如何充分有效发挥乡镇检察室的职能作用。江苏省灌云县检察院派出检察室创新监督方式,以行政执法监督为切入点,提出"党委领导、人大支持、政府负责、检察监督、部门司职"的基层行政执法监督模式,既拓展、延伸了检察监督的触角,又破解了行政执法监督中"知情"难、监督权不足、执行力不强等难题,为完善行政执法与检察衔接机制提供了实践依据,取得了良好的法律效果和社会效果。同时,这种联合监督的新模式也给行政执法监督工作乃至其他法律监督工作带来启发和思考。

一、依托乡镇检察室加强基层行政执法监督的创新实践

(一)找准症结科学论证,积极探索基层行政执法联合监督新模式

权力必须受到制约是亘古不变的真理,而基层行政执法一直以来都是法律监督的薄弱之处,行政执法活动不规范、不文明、不严格、不公正、

---

[*] 原文发表于《人民检察》2012 年第 21 期。共同撰写人:周小纯、杨友俊。

不作为、乱作为的现象凸显。我院依托乡镇检察室深入基层、紧密联系群众的优势，开展乡镇行政执法活动调研，找出基层行政执法监督疲软的主要症结和难题，并经过深入调研论证，提出了建立"党委领导、人大支持、政府负责、检察监督、部门司职"的基层行政执法监督新模式。即由党委对加强行政执法监督作出统一规定，对执法监督力量进行统一领导；人大对行政执法工作定期评议，并研究解决行政执法监督工作中重大疑难事项；政府及其法制部门对行政执法活动、执法过程和执法效能加强考核验收；检察机关依托派出检察室，依法对行政执法进行静态与动态监督，受理举报、监督案件，纠正违法；基层行政执法主体依法履行行政执法职责，做到及时、有效、公开、公平、公正执法。这种联合监督的方式，能破解基层行政执法监督不力的症结，扩大行政执法监督覆盖面，使行政执法监督取得扎实成效成为可能。

（二）推动行政执法监督纳入党委政府工作部署，增强行政执法监督的效应和执行力

乡镇行政执法监督主体众多，但大多处于各自为政的状态，监督力量分散，监督效力有限，而检察权缺位，检察派出机构缺失，不能对行政执法机关进行同步监督和制约。有的检察院与行政执法机关建立了衔接机制，但因是平等主体间签订的协作机制，强制力不够，对行政执法机关不配合，对检察建议或意见不接受、不采纳、不认真对待的行为无其他制约手段，执行难以到位。为此，我院调整工作思路，紧紧依靠党委政府对行政执法机关的领导核心作用，增强行政执法监督的合力和执行力。针对基层行政执法监督中存在的问题，提出了联合监督的可行性建议，并向县委县政府提出专项报告。县委县政府专门出台《关于加强基层行政执法与检察监督衔接工作的实施意见》（以下简称《实施意见》），由县委办公室、县政府办公室联合行文下发全县各乡镇及行政执法部门遵照执行。该《实施意见》把基层行政执法是否规范、可能涉嫌犯罪的案件是否依法及时移送检察监督情况一并纳入乡镇政府和有关部门的综合考核评价体系，形成

权责分明、行为规范、协调一致、监督有效的行政执法监督机制。

（三）明确基层行政执法与检察监督衔接工作的主要内容，促进行政执法监督具体化、规范化

《实施意见》对检察监督的内容进行明确规定，首先，明确了派出检察室的地位和行政执法监督的内容和形式。规定派出检察室可依法独立行使法律监督权。在执法行为上，对监督过程中发现的行政执法人员涉嫌犯罪的，移送相关部门或公安机关立案查处；在案件处理上，对涉罪线索该移送而未移送、以罚代刑、违法处置涉案物品等情形提出检察意见书；在执法管理上，对制度、管理漏洞，执法不规范，对行政管理相对人未依法进行处罚等提出检察建议书；在具体行政行为上，对违法、违规实施行政处罚、行政强制措施、行政审批决定等以纠正违法通知书形式予以指正。其次，赋予法律监督一定的保障措施，如规定行政执法机关接到检察室检察意见书、检察建议书等法律文书，必须在规定时间内书面答复派出检察室；规定派出检察室在监督过程中，可随时调阅行政执法部门的执法卷宗。

（四）构建较为完善的基层行政执法和检察监督相衔接的工作机制，从制度上保障行政执法监督

行政执法监督要取得良好效果，必须建立完善的衔接工作机制，形成监督合力。为此，我院构建了五项互动机制，明确了各自职责和工作程序。建立联合监督制度，明确相关部门对在行政执法检查监督考核过程中发现的行政执法违纪、违规、违法问题，根据部门职责和案件性质，有直接处理或移送相关部门处理的职责，通过联合监督的方式提高监督效率。建立信息通报制度，确定派出检察室和与乡镇法治建设办公室负责信息通报的专门人员，规定基层行政执法单位应主动将日常行政执法信息、重大工作计划与部署、专项执法活动情况分类分时报送检察室，实现信息共享，确保监督工作规范化，保证监督的知情权。建立联席会议制度，明确会议召开形式，通报执法和办案情况，研究和协调解决行政执法工作和衔接工作中的问题，提出加强对策，将监督工作推向常态化，便于及时解决

工作中的突出问题，统一执法尺度。建立备案审查制度，规定不服行政处罚可能引发上访、有重大影响的案件，适用法律法规有较大争议的案件等情况应当报备，便于及时发现违法犯罪和影响社会稳定的苗头性问题。建立警示教育制度，改变行政执法人员的执法理念，做好职务犯罪预防工作，进一步推进执法规范化建设，巩固法律监督的成果。

（五）制定案件报备实施细则，增强基层行政执法与检察监督衔接工作的可操作性

实践中，尽管有的检察院与基层行政执法部门建立了工作联系机制，但由于双方所处角色不同，又缺少必要的操作细则，导致相关制度不能发挥应有作用。对此，我院制定了《关于基层行政执法与检察监督相衔接报备工作实施细则》，明确了报备主体、报备范围、报备程序、处罚措施等。赋予报备制度明确性和刚性，把住了刑事案件"出口"关，防止刑事案件的流失，也可以有效预防行政执法机关滥用职权、贪污受贿等问题的发生。

二、新模式下依托乡镇检察室加强基层行政执法监督取得的实效

自我院依托乡镇检察室，创新联合监督模式，扎实开展对基层行政执法活动的监督以来，发现了一批行政执法职务犯罪和刑事犯罪案件线索，纠正了一系列违法行为，促进相关管理部门进行系统整改，反响强烈，省市检察机关、县党委主要领导均作出肯定批示，监督工作取得了良好的法律效果和社会效果。

一是规范了行政执法行为，推动了社会管理创新。我院通过联合执法监督，发现行政执法不规范、不严格、不公正等方面的突出问题31项，并结合实际向相关单位和部门及时发出了纠正违法通知书、检察建议书、检察意见书共20份。二是发现行政执法违法和犯罪线索大幅上升，强化了法律监督。今年以来，我院派出检察室通过联合监督检查，共向反渎部门移交案件线索4件，其中已立案3件；向公安机关移送案件线索6件，已立案侦查6件8人。通过发出检察建议和检察意见，促进相关管理单位

整改，通过专项调查将一批案件线索移送司法机关。三是提高了群众参与度，提升了基层法治建设水平。我院充分利用派出检察室和控申等对外接访窗口，收集和受理行政执法方面的举报和控告，并借助举办"举报宣传周""检察开放月"契机，深入街头、村头、社区宣讲行政执法监督内容，通过行政执法监督现实案例展示，激发群众参与监督的意识，还利用各种新闻媒体，聘请行政执法检察监督信息员参与监督，较好地形成了内外联动的行政执法监督工作格局，有效提高了法律监督能力和基层法治建设水平。四是实现了派出检察室与行政执法工作双赢。依托派出检察室开展行政执法监督，不仅延伸了检察触角，强化了派出检察室工作职能，强化了行政执法监督，也大大促进了行政执法机关工作的完善，提高了行政执法机关的威信，改善了干群关系。如针对10家公司压力容器违规使用、环保以罚代管等问题，向相关管理单位发出检察建议，提出完善机制、堵塞漏洞的具体对策建议，均被相关单位采纳，并予以完善，促进相关单位建章立制，堵塞违法犯罪漏洞，协助基层组织从源头上预防职务犯罪和社会矛盾风险隐患的发生，得到了行政执法机关的肯定和积极配合。

三、新模式下依托乡镇检察室开展行政执法监督工作的探索思考

（一）依托乡镇检察室开展行政执法监督是强化法律监督、拓展检察职能、促进社会管理创新的重要举措

一是对当前乡镇行政执法机关进行监督的必要性。从权力分权制衡理论来看，检察机关的法律监督权是与行政权、审判权相独立的权力，其目的在于维护国家法律统一实施，防止行政、司法专断和腐败。乡镇行政执法具有行政管理职能，其权力的运行应受到法律监督。从行政权力运行规律和自身特点来看，基层行政执法活动涵盖社会生活的各个领域，基层行政执法权力自身具有扩张性、主动性和管理性等特点，能直接介入私人生活和社会事务，其合法性和规范化程度直接关系到公众的切身利益和基层社会的发展。因此，对乡镇行政执法进行监督尤为必要。从行政执法监督的现状来看，当前乡镇行政执法监督主体力量分散，监督手段力度不够，

检察监督范围小，权力弱，部分行政执法人员利用法律监督盲区，不作为、滥作为，甚至产生腐败行为，滋生了许多新的矛盾，影响了基层民主法治建设和社会的和谐稳定，需要强化对乡镇行政执法行为的法律监督。二是乡镇检察室开展行政执法监督的合适性。从乡镇检察室的设立与发展来看，其是健全中国特色乡镇司法体系，加强基层行政、审判等权力分工制衡的需要；是检察机关延伸检察触角，参与社会管理创新的需要。通过对一些容易出问题、比较敏感的权力运作过程进行监督，保障基层权力依法有序运作；通过乡镇检察室贴近基层贴近群众的优势，及时发现行政执法违法犯罪和侵权侵财等行为，维护群众合法权益。三是乡镇检察室开展行政执法监督的现实可行性和有效性。我院针对本地行政执法现状，经过充分论证和实践摸索，找准乡镇检察室服务社会管理创新的着力点，充分发挥工作主动性，创新监督方式，针对人民群众反映强烈的行政执法问题开展监督，并上升为制度规范，通过检察监督发现违法违规执法情况、可能引发社会隐患的问题，发出纠正违法通知书、检察建议、检察意见或向党委政府提交社会风险排查研判报告，为党委政府决策提供参考，既履行了法律监督职能，又充分发挥了检察机关参与加强和创新社会管理的作用，促进社会管理规范和社会的和谐稳定。

（二）新的监督模式破解了行政执法监督难的困境，是促进行政执法监督的有效途径

当前基层行政执法问题显现，社会发展需要和人民群众的期待要求加强基层行政执法监督。而面对社会监督力量分散、监督不力的状况，检察机关囿于法律赋权不明确拓展难、信息不畅知情难、法律效力不够执行难、检力不足落实难。为此，我院提出"党委领导、人大支持、政府负责、检察监督、部门司职"的创新监督模式，借力党总揽全局、协调各方的领导核心作用，推动将行政执法与检察监督衔接工作纳入党委的决策，以党的规范性文件的名义，作为党的决定来贯彻执行，依靠党的领导统筹各方监督力量，避免各自为政，部门区隔。依靠党的领导力量调适多种方

式的监督行为，借用党的渠道和系统，增强监督运行所需的"态势"和"能量"，发挥检察监督的主动性，减少监督的阻力，增强监督效应和执行力。借力人大支持，通过人大常委会执法检查，推动解决行政执法监督中发现的问题；通过人大对行政执法机关及其工作人员违法行为的监督，扫除了检察监督手段单一、监督措施有限、监督职权不足的障碍。借力政府负责行政执法工作，通过政府对行政执法机关的领导力、综合检查考评的牵制力和责任追究机制，增强行政执法监督的执行力和落实力度。借力条线模式管理的执法管理部门，开展专项监督，深入查找各条线行政执法过程中的违规违法犯罪问题，扩大行政执法监督面，解决检力不足问题，提高监督时效。

(三) 新的监督模式符合法律规定和司法体制改革的方向

新的监督模式符合法律规定。首先，在监督模式上，坚持党的领导是我国宪法确立的一项基本原则，各行政机关、司法机关均应在党的领导下开展工作。地方人大及其常委会是宪法规定的地方国家权力机关，有权开展执法检查监督。政府是行政执法部门的领导机构，对各行政执法机关的工作负责。相关部门负有管理本条线执法机构的职责。而检察机关是宪法规定的国家法律监督机关，派出检察室是检察机关的派出机构，应履行检察机关的职责。其次，在监督形式上，派出检察室严格按照检察机关的法律监督职权实施立案监督、侦查监督，通过纠正违法、检察建议等形式，对行政执法进行监督。

新的监督模式符合司法体制改革的发展方向。行政执法与司法衔接是司法改革的重要内容。《关于加强行政执法与刑事司法衔接工作的意见》明确了行政执法机关接受检察监督的规定，要求各有关单位之间协调配合，形成工作合力。《人民检察院办理行政执法机关移送涉嫌犯罪案件的规定》对检察机关与行政执法的关系进行了界定。修改后刑诉法第五十二条规定，行政机关在行政执法和查办案件过程中收集的物证、书证、视听资料、电子数据等证据材料，在刑事诉讼中可以作为证据使用，可视为立法对行政执法与刑事司法衔接工作的强化。而我院在新模式下开展行政执法与检察监督衔接工作所取得的成效，也证明了新的监督模式契合司法改革的方向。

（四）进一步完善立法和制度设计，为规范和加强行政执法监督工作创建良好的法制环境

任何改革都是不断探索和完善的过程，我院联合监督模式在运行中取得了良好效果，但在具体操作过程中也暴露出一些问题，如在报备上隐案不报、不按时报、报小不报大等有选择性报备的现象仍然存在；通过检察建议等形式责令相关部门整改的问题存在整改不及时、不彻底、不到位的现象；基层行政执法面广量大，点多线多，检力不足问题突出；法律规定的不明确仍是掣肘检察机关全面履行行政执法监督权的重要因素。为此，我们期待立法的完善，明确检察机关对行政执法活动的法律监督权和检察意见的法律效力，增强检察机关监督权的刚性和力度。在制度设计方面，进一步完善行政执法与刑事司法衔接机制，建议将此项工作纳入党委政府统筹，增强监督的执行力。有条件的地方，对行政执法可以通过信息化平台进行日常监督，节约成本，提高效率，对行政不作为行为开展专项监督与日常监督相结合。建议建立群众监督与权力监督相结合的机制，发挥群众监督的知情权，利用司法监督的权威，扬长避短，各取所长，保证行政执法监督取得切实成效。建议增加检察行政编制或附属编制，解决派出检察室人力不足的难题。

（五）检察机关对行政执法的监督必须把握好监督的限度

在法律修改之前，检察机关仍应在现有的法律框架内进行法律监督，合理设计检察监督的条件和程序。首先，要把握好派出检察室的定位。在新的监督模式下，派出检察室虽行使法律监督之权，但其工作重点是解决行政执法过程中存在的对涉罪案件不依法移交的问题，主要任务仍是协助、支持乡镇行政执法机关规范、严格、认真执法，消除社会隐患，维护社会和谐稳定。在履职过程中，提倡创新，但在新的法律出台之前，要始

终牢记检察机关法律监督的职责定位，仍要坚持在法律框架内进行创新，要把握好监督方式、监督手段。准确运用纠正违法意见书、检察建议书，对不属于检察机关范畴的风险隐患问题，尽量采用风险研判报告等形式，主动向党委政府汇报，或向相关部门反映，争取将隐患消除在萌芽状态。其次，在监督范围方面，乡镇检察室只能对具体行政执法行为进行监督，而不宜直接对抽象行政行为进行监督。最后，应把握好联合监督过程中检察职权的度。开展联合监督，借力其他机关力量，并不是派出检察室可以直接代行其他部门的职责，也不是其他机关可代行检察监督职权，而是通过联合监督的新模式，做到对行政执法的全面了解，监督但不干预其执法工作，全面充分履行好检察职责。

加强基层行政执法监督的"三个必须"[*]

加强基层行政执法监督既是我国法治建设的重要组成部分，也是参与加强和创新社会管理的重要内容，同时，又是检察机关法律监督的又一体现。检察机关及其派出检察室如何在乡镇行政执法监督中更好地发挥作用，是当前和今后迫切需要解决的重要课题。对此，我院在法律框架内作了尝试，我们依托派出基层检察室，以创新监督理念为前提，以创新监督机制为抓手，加强对基层行政执法活动的监督，增强了监督的实效性，取得了明显成效，得到了省市院领导和灌云县委主要领导的批示肯定。仅2012年以来，灌云县检察院向有关行政执法部门发《检察建议书》《检察意见书》《纠正违法通知书》20份，向反渎部门移交案件线索4件，已立案3件，向公安机关移送案件线索6件，已立案6件10人，向县委县政府报送风险研判报告2份，督促相关行政执法部门整改28项，建章立制38条。从这些数字可以看出，加强基层行政执法监督大有可为，任重道远。

---

[*] 原文发表于《中国检察官》2012年总第161期。

回顾我院开展基层行政执法监督工作,我们主要有三个方面的体会:

一、检察机关加强基层行政执法监督,必须要在摸准基层行政执法现状的基础上,破解症结,走出误区

加强基层行政执法监督,是集"法律性、政策性、实践性"于一体的系统工程,需要做好方方面面的工作。其首要的就是要摸准全县基层19个乡镇工商、国土、规划、环保等15个行政执法部门的执法现状,这样,才能破解监督缺位的症结,走出监督误区。

(一)从基层行政执法状况看,还存在"三不"现象

一是行政执法不规范。主要表现在执法台账不健全,执法报表不严谨,执法程序不规范,执法随意性较大,有的乱罚款,乱收费,越权执法;有的甚至吃拿卡要,搞权钱交易,收受贿赂。这些行为已严重伤害了群众的感情。二是行政执法不严格。主要表现在处罚决定不依法,处罚程序不合法,案件定性不准确,由于受利益驱动的影响,以罚代法的现象比较普遍,单位和群众意见较大。三是行政执法不文明。因缺少监督,许多执法者久而久之滋生特权思想,运用手中的权力,进行粗暴执法,严重影响了政府形象和社会的和谐稳定。

(二)从组织监督检查考核看,还存在"三难"问题

一是难以及时掌控基层行政执法的真实情况。县里相关部门到基层检查法治建设(主要行政执法)绝大部分的时间用在听汇报看报表上,对点上的情况,个案的情况,由于没有建立相应的信息机制,导致信息渠道不畅通,真实情况掌控不了,监督检查结果只能是走马观花。二是难以及时发现基层行政执法存在的问题。一方面,因为台账不健全,手续不完善,缺少必要的报备审查程序,对基层行政执法存在深层次的问题难以发现;另一方面,没有专门监督机构,各组监督检查各自为政,形不成有效监督检查合力,导致问题越积越多。三是难以纠正基层行政执法存在的问题。由于不能及时掌控和发现问题,也就无从监督相关部门和人员进行整改,导致老问题依旧,新问题不断。

（三）从基层行政执法监督缺位看，还存在"三个误区"

一是基层行政执法单位认识上的误区。担心接受监督以后，执法不自由、不方便，影响利益，怕家丑外扬，思想有抵触情绪。二是监督考核上的误区。把对基层行政执法监督考核停留在听汇报上，哪个单位汇报得好，这个单位的法治建设工作就好，对在执法过程中存在的问题发现不了，监督检查考核实际上流于形式。三是检察机关自身的误区。认为加强对基层行政执法活动的监督，有些法律依据还不够具体，尤其缺少必要程序，加之行政执法面广量大，检力不足，一旦开展这项工作，担心监督不成体系，深度不够，效果不佳。

二、检察机关加强基层行政执法监督，必须要在更新监督理念创新监督机制的基础上，精心组织，严密实施

（一）在理念更新上，做到"三个确立"

基层行政执法的现状决定了必须要加强监督，而要加强基层行政执法监督，必须拓宽思维，更新观念，创新机制，这样，才能把基层行政执法监督工作做深做细做实做到位，取得实实在在效果。

一是确立监督就是作为的理念。长期以来，宪法赋予检察机关的法律监督职能一直是对刑事诉讼实施监督，而对行政执法活动一直未能有效开展，导致行政执法活动不规范、不严格、不文明的现象大量显现，引发大量信访、越级访和群访，甚至还出现不作为、乱作为、侵权渎职、贪污受贿等问题，严重影响社会和谐稳定。实践证明，缺少监督的执法活动，必将会滋生特权思想、特权利益和腐败现象。为了加强对行政执法活动有效监督，我院注意深刻理解和把握中办发〔2011〕8号文件《关于加强行政执法与刑事司法衔接工作的意见》的内涵，并在适当时邀请县内外"法学专家""法律工作者""人大代表""人民监督员"等专家学者进行研讨论证。通过科学论证，使大家进一步深化检察机关法律监督的内涵，以及行政执法与刑事司法衔接的内在要求。从而，为检察机关加强基层行政执法监督提供法理支持，提高加强基层行政执法监督重要性和可行性的认识，从而，确立只有加强监督，方能更全面体现检察机关的作为。二是确立监督就是规范的理念。基层乡镇是行政执法"集聚地"，有国土、规划、工商等众多部门，行政执法面广量大，涉及利益关系众多，加强基层行政执法监督，可以有效地规范执法行为，促进基层行政执法单位依法履行公务，推进法治乡镇建设，创建和谐稳定的社会环境。三是确立监督就是创新的理念。积极创新监督工作思路，构建监督工作模式，是推进基层行政执法监督的重要环节。我院在各方的支持和努力下，推动建立了"党委领导、人大支持、政府负责、检察监督、部门司职"的监督模式。党委领导，即县、乡镇两级政法委对行政执法和执法监督的理念、方式、效能等方面作出统一规定，对执法监督力量进行统一领导，对重大行政执法监督案件加强协调；人大支持，即县、乡镇两级人大对行政执法工作定期进行评议，并研究解决行政执法监督工作中的重大疑难事项；政府负责，即县、乡镇两级政府及其法治部门加强对执法活动、执法过程和执法效能的考核验收；检察监督，即检察机关依照法律规定，对行政执法活动进行静态和动态监督，受理举报、监督案件、纠正违法；部门司职，及各乡镇执法主体依法履行行政执法职责，做到及时、有效、公开、公平、公正执法。这个监督模式的重点是检察监督。对此，我院依托派出检察室，主动与各乡镇行政执法部门建立工作对接、信息通报和监督协作机制，按照统一管理，分类工作的要求，在每个乡镇聘请2名行政执法监督信息联络员。在日常工作中，检察室一方面抓好静态监督，即通过定期或不定期地调取行政执法单位有关执法卷宗，审查行政执法的程序是否合法，处罚是否适当，对发现问题及时进行纠正；另一方面抓好动态监督，即及时受理行政执法方面的举报线索，对构成渎职、贪污受贿的及时移送反贪、反渎部门立案查处，对构成其他刑事犯罪的及时移送公安机关立案侦查。为了更好地推进这个监督模式的实施，我院报请县委县政府出台规范性文件，即《关于加强基层行政执法与检察监督衔接工作的实施意见》，由县委县政府联合发文印发全县各乡镇及行政执法部门，要求按照文件精神抓好落实。该实施意见一方面要求统一思想认识，加强组织领导，把基层行政执法是否规范、可能涉嫌犯罪的案件是否依法及时移送检察监督情况一并纳入乡镇政府和有关部门的综合考核评价体系，形成权责分明、行为规范、协调一致、监督有效的行政执法监督机制；另一方面明确规定了基层行政执法与检察监督相衔接工作的主要内容，如派出检察室根据规定的具体情形，通过检察意见书、检察建议书、纠正违法通知书、提出监督意见等形式对基层行政执法进行监督，并规定在限期内答复。还规定派出检察室在监督中要随时调阅行政执法卷宗等。

（二）在机制建设上，建立"三项制度"

一是联合监督制度。县法治建设领导小组每半年组织县优化办、县法制办、县纪委纠风办、派驻检察室等部门，对基层行政执法部门的执法情况进行检查监督考核，对存在违法行政等问题的，依据不同情况，分别作行政或法律上的监督纠正；对行政执法人员有涉嫌贪污受贿、渎职侵权等违纪违法行为的，应当根据案件性质，及时移送纪检监察机关或人民检察院处理。二是联席会议制度。乡镇政法委定期组织召开行政执法工作联席会议。每季度至少召开会议一次，派驻检察室应当派员参加。会议通报近期执法及处罚情况、涉嫌犯罪案件移送处理情况、检察监督情况，并研究和协调解决行政执法工作中的一些突出问题。与此同时，还建立了信息通报制度。派驻乡镇检察室与乡镇法治办确定专门人员，负责日常的信息交流，各基层执法单位的统计报表及时报送派驻检察室，以实现信息共享。三是备案审查制度。制定了《报备细则》，从报备案件的单位主体、报备范围、报备材料、报备期限等4个方面作出明确具体规定。如在报备案件的主体上，明确规定乡镇一级具有行政执法权或受委托从事行政执法的单位、县级行政执法机关的派出机构，包括工商、国土、规划、城管、安监、质监、水利、林业等15个行政执法单位。在报备范围上，明确规定涉案金额在万元以上；处罚金额或者没收款物价值在3000元以上；作出行政处罚决定后违法行为还不能有效制止且继续进行，可能导致案件性质发生改变的；当事人不服，认为行政处罚畸轻畸重或适用法律、法规不当的，可能引起上访的，在当地或在全县有较大影响的等10种情形的案件。在报备材料上，明确规定案件事实及相关证据；认定的法律依据；行政拟处理意见；行政处罚法律文书；行政许可批复文件等。在报备期限上，明确规定十种报备情形均应当在行政行为作为后十个工作日内及时报备辖区检察室。

（三）在组织实施上，搞好"三个结合"

一是点面结合，搞好联合监督检查。根据《关于加强基层行政执法与检察监督衔接工作的实施意见》的规定，对基层行政执法活动的监督要联合检查，具体由县政法委牵头，由检察院及其派出检察室人员为主体，联合县人大内司委、县政府法制办、县纪委等部门组织的行政执法监督检查组，除听取乡镇领导对面上行政执法工作汇报外，还要察看工商、国土、规划、安监、司法等部门的行政执法台账和卷宗，对存在的突出问题，可当场提出口头纠正检察意见，责令其立即整改。也可及时向相关单位和部门发检察建议书、检察意见书。如侍庄乡有五家卫生室属合并对象，侍庄医院亦下达了撤并卫生室通知。但有的卫生室室长不愿意合并，继续进行非法行医。针对这种情况，检察院及时向侍庄医院提出了口头纠正检察意见，侍庄医院领导高度重视，认真研究取缔方案，采取有效措施，依法取缔，取得了良好的社会效果。二是条线结合，搞好专项监督检查。主要是对县有关执法部门派出机构进行监督检查。如国土、工商、环保、安监、规划等条管单位。在专项监督检查工作中，注意针对群众反映比较强烈的突出问题，采取系统查、查系统的方法，深入查找在行政执法过程中存在的问题，尔后，针对问题进行梳理分类、分析评估、风险研判，依据检察职能发出《检察建议书》、《检察意见书》或《纠正违法通知书》。如针对全县农村"小产权房"乱开发、非法占用、使用、买卖转让土地的严重问题，一方面为县委县政府提供决策依据，及时撰写调查分析报告；另一方面向县国土部门发出《检察意见书》，以引起相关部门领导的重视。如县国土局联合县公安局在全县范围内开展打击非法买卖土地的专项行动。目前，共查处违规使用土地21宗，有6人因涉嫌非法买卖土地罪被公安机关立案侦查，有效地维护了全县国土资源管理秩序。又如，在监督检查工商系统行政执法过程中，发现沂北乡有两名不法商贩正在合伙倒卖石油，且数额巨大，检察院及时向工商部门发出了《检察意见书》。县工商局接此意见后迅速派员查处，并将案件移送公安机关对其立案侦查。三是内外结合，做好受理举报控告。在抓好静态监督检查的同时，积极抓好动态监督，充分利用控申、民行、预防、反贪、反渎、派出检察室等对外接访窗口，收集和受理行政执法方面的举报和控告。与此同时，充分利用"举报宣传周""检察开放月"这一活动载体，深入街头、村头、社区宣讲行政执法监督内容，动员人民群众参与监督。还利用各种新闻媒体和聘请行政执法检察监督信息员参与监督，形成内外有机联动的行政执法监督氛围。今年以来，灌云县检察院及其派出检察室，共受理举报控告12件，督促整改6件。如侍庄乡规划办，在规划执法过程中，违反规划不准收费的有关规定，擅自收取单位和农户的规划费用，在当地造成了不良影响。派出检察室接到举报后，立即进行调查，向侍庄乡政府发了《纠正违法通知书》，责令其整改。侍庄乡政府及时采取措施，停止了违规收费，同时，要求乡规划部门和相关人员严格执法，确保不违规收费。

三、检察机关加强基层行政执法监督，必须要在充分认识基层行政执法监督艰巨性的基础上，完善提高，巩固成果

（一）认识再到位

对基层行政执法活动实施监督，是检察机关及其派出检察室一项长期而艰巨的任务，不可一蹴而就，更不可小胜即安，要立足长远，完善提高，巩固成果，切实履行好行政执法监督职能。从目前行政执法监督的实践情况看，还存在许多需要加强和完善的一些环节，归纳起来主要有以下几点：

特别是乡镇各级党委、政府和县相关行政执法部门的领导，要切实把行政执法监督工作列入重要议事日程，经常分析研究本乡镇和本部门的行政执法监督工作，坚决克服彻底摒弃过去行政执法的本位思想，部门利益和习惯做法，转变执法观念，把思想和行动统一到自觉接受监督上来。各基层行政执法人员也要坚决依照国家法律、法规和县委县政府（51）号文件《关于加强基层行政执法与检察监督衔接工作的实施意见》的规定要求，自觉做好自身行政执法与接受检察监督的各项工作，规范执法，公正执法，文明执法，不越权执法，自觉把执法行为置于检察机关的监督之下。

（二）报备再严格

虽然已制定出台了《关于基层行政执法与检察监督衔接工作的报备工作实施细则》，但从运行情况看，有的行政执法部门不想报备，存在隐案不报的现象；有的行政执法部门不按时报备，拖拖拉拉；有的报小不报大，怕惹出麻烦，查出问题，影响单位和个人利益；对此，报备审查工作还需再严格，要采取多种措施督促报备工作的落实，对凡是今后出现报备问题的单位和部门，在查明情况后，视情节建议相关部门给予处理。

（三）整改再加强

对基层行政执法监督检查出来的问题，检察机关有的当场责令督促整改，有的运用检察建议书、检察意见书、纠正违法通知书的形式，依法督促整改，但从整改情况看，不及时，不彻底、不到位的现象依然存在。如全县小加油站点虽被依法取缔，但有的死灰复燃；非法占用土地虽进行了打击整治，但有的乡镇还在偷偷建筑；有的锅炉存在安全隐患，虽然下达了整改通知书，但整改未到位；等等。因此，一方面检察机关及其派出检察室平时要加强督察、巡查，确保检察机关发的法律文书件件有着落，事事有回音。另一方面对需要联动多个部门方能整改到位的一些行政执法案件，检察机关及其派出检察室要督促相关部门和单位一起研究整改方案，进行综合治理。

（四）检力再整合

基层行政执法涉及面广，工作量大，点多线长，要想做好监督工作，检力显得尤为重要。但从目前情况看，虽然在大的活动上举全院之力，但平时日常工作都由检察室承担，仅凭两个派出检察室的现有人员，工作有时确实安排不开，人手显得尤为紧张，很难承担繁重的监督任务和监督需求。对此，一方面，检察院要成立派出检察室专门管理机构，以便统一组织协调指导监督工作；另一方面，还要在重点乡镇再派检察室，人员也要适当增加，以便上下整合力量，确保行政执法监督工作顺利开展。

（五）法律再完善

目前，加强基层行政执法监督，一方面是依据宪法赋予检察机关职能和性质定位而创新延伸的。另一方面是依据中办发〔2011〕8号文件《关于加强行政执法与刑事司法衔接工作的意见》，制定出台了《关于加强基层行政执法与检察监督衔接工作的实施意见》，县委县政府专门联合发文将该实施意见印发全县各行政单位执行，亦取得了明显成效。但从法律的具体性，程序的系统性来看，对行政执法监督的法条尚不够具体、不够完备，还需要进一步完善。以便为加强基层行政执法监督提供坚实的法律依据、技术支撑和程序支持。

行政执法检察监督的基层探索[*]

检察机关是宪法规定的国家法律监督机关，由其开展对基层行政执法监督是公共权力制约公共权力的一种实现形式。下文立足灌云县检察机关对基层行政执法开展监督的实践，对基层行政执法检察监督的主体、方式以及应坚持的基本原则进行总结。

一、实践情况及典型案例

2012年6月以来，灌云县人民检察院积极探索实践基层行政执法监督工作，推动建立了"党委领导、人大支持、政府负责、检察监督、部门司

---

[*] 原文发表于《中国检察官》2013年总第182期。

职"的基层行政执法监督新模式。截至目前,灌云县人民检察院通过监督发现行政执法问题112条,先后发出检察建议书、检察意见书、法律监督意见书49份,督促整改问题88项,受理信访举报32件,向反渎、公安机关移送案件线索10件16人,均已立案侦查。典型案例如下:

【案例一】2012年3月20日,灌云县图河乡三舍村新世纪浴室发生锅炉爆炸事件,年逾六旬的柳某在爆炸中身负重伤,其女及外甥女不幸丧生。事故发生后,灌云县人民检察院随即派员介入调查,一举查处了该事故背后工商、质监、安检执法人员玩忽职守案件3件6人。通过对本案的分析及在走访群众调查中,灌云县人民检察院发现,基层某些行政执法人员不作为、乱作为、漠视群众安全利益问题触目惊心,群众很有意见,并对检察监督寄予希望。随后,灌云县人民检察院组织召开案件分析报告会,会议决定以派驻乡镇检察室为依托,组织安排力量对涉及群众安全的基层行政执法开展检察监督,形成风险研判报告为县委县政府提供决策参考。

【案例二】2013年4月8日,灌云县人民检察院民行检察人员在阅读《苍梧晚报》时发现一则报道称,灌云县同兴镇6户农民因为使用不合格化肥,致使50余亩麦田出现大面积死苗现象,而生产商和经销商均推卸责任。看到该报道,检察人员及时同记者及受损农户联系,准备支持农户起诉。经销商在得知检察院介入后,态度有所转变,与农户达成协议并进行赔偿。灌云县人民检察院民行科就此事展开生产及销售伪劣农药、化肥、种子等农资产品相关案件调查,先后到农产品生产商、销售商以及灌云县农业委员会等地进行走访调查,发现近三年来因生产销售伪劣农药、化肥、种子等农资产品引发的民事纠纷日渐增多,涉及受损农户百余人。据此,灌云县人民检察院向县农业委员会发出督促履行职责检察建议,建议其加强对农资生产经营的监管。灌云县农业委员会收到检察建议后高度重视,并对此检察建议进行回复,表示将加强对农药、化肥、种子等农资产品生产和销售的监督和管理,对于伪劣产品经营者将严格按照规定进行处罚，并督促其及时对受损农户进行赔偿，切实维护农户利益。

从实际监督情况来看，灌云县人民检察院开展基层行政执法监督的范围主要包括两个方面：一是行政执法中存在的有案不立、有案不送、以罚代刑行为；二是行政执法中存在的不规范、倾向性问题及处罚畸轻畸重、应当作为而不作为等引起行政相对人严重不满而影响社会稳定的行为。具体方法是在政法委的牵头下，联合县人大内司委、政府法制办等部门组成行政执法监督检查组，联合开展分片检查；加强与基层行政执法部门的联系，建立行政执法案件报备制度，全面掌握行政执法信息，及时开展监督；深入街头、村庄、社区宣讲行政执法监督内容，收集和受理行政执法方面的举报和控告，从中发现行政执法监督线索。监督的手段主要有对行政执法中存在的渎职、失职、贪污受贿行为进行查处；对联合检查、备案审查、接受控告举报中发现的基层行政执法中的问题，通过《检察意见书》、《检察建议书》、《纠正违法通知书》和社会风险排查研判报告两种形式督促相关行政执法部门及时整改。

灌云县人民检察院通过开展基层行政执法行为检察监督，在强化检察机关法律监督职能的同时，促进了基层行政执法部门依法行政，及时防范和化解了基层一些矛盾隐患和纠纷。但该项工作具体应该由检察机关哪个或哪些部门承担，即监督主体问题，以及监督方式有哪些，在监督中应把握什么样的原则尚需要研究。

二、基层行政执法检察监督的主体及方式

灌云县人民检察院对基层行政执法开展监督日常工作主要由基层检察室负责，在开展执法检查、专项督查时抽调侦查监督、职务犯罪侦查等业务部门人员参与。根据一年多探索试点情况，我们认为目前检察机关很难有一个部门能履行所有监督职能，建议成立一个专门的监督机构，负责行政执法监督工作。具体操作是成立一个基层行政执法监督领导小组，下设专门办事机构，由基层派驻检察室、侦查监督、民事行政检察、反渎职侵权检察部门参加。可以通过以下方式开展监督：

(一) 对具体违法行政行为发出检察建议

检察机关通过参与政法委组织的联合检查或行政执法机关组织的专项检查，对发现的一些违法的具体行政行为，发出检察建议。检察建议不具有强制性，但对行政主体有一定的影响力，行政执法机关一般容易接受。从灌云县人民检察院所发49份检察建议来看，均取得了较好效果。如对灌云县内一些乡镇存在"小产权房"乱开发问题，群众积怨较大，多次到省、市上访，灌云县人民检察院及时向国土部门发了《关于加强土地管理、整治土地开发的检察建议》，国土部门联合公安部门在全县范围内进行打击非法买卖土地专项整治清理活动，有8人因非法买卖土地被公安机关立案侦查，有效化解了群众因土地问题产生的积怨。再如，侍庄乡有五家卫生室属合并对象，侍庄医院下达了撤并卫生室的通知。但有的卫生室不愿意合并，继续进行非法行医。针对这种情况，检察院及时向侍庄医院提出了口头纠正检察意见，侍庄医院领导高度重视，认真研究取缔方案，采取有效措施，依法取缔，取得了良好的社会效果。

(二) 督促行政执法机关及时移送涉嫌犯罪线索

发挥检察机关监督主动性，督促行政执法机关及时对重大行政罚行为进行报备。对于行政执法机关不移送涉嫌犯罪案件线索的，检察机关还可以申请通过有关渠道查阅有关案卷材料，必要时，检察院应当向行政执法机关提出意见，建议其按照管辖规定向公安机关移送犯罪案件。行政执法机关仍不移送的，检察机关应通知公安机关，要求公安机关认真审查后及时立案。同时，对于行政执法机关移送的案件，公安机关未在法定期限内作出立案或不予立案的，行政执法机关也可以建议人民检察院进行立案监督。对行政执法机关不移送涉嫌犯罪案件，构成犯罪的，检察机关可以立案查处，追究相关责任人的刑事责任。灌云县人民检察院于2013年2月建立两法衔接信息共享平台，共审查行政处罚报备材料100余份，发现问题30余件，督促行政执法部门向公安机关移交刑事案件线索25件；立案查处2件。

（三）对受到违法行政行为侵害的行政相对人支持起诉

《民事诉讼法》第15条规定："机关、社会团体、企业事业单位对损害国家、集体或者个人民事权益的行为，可以支持受损害的单位或者个人向人民法院起诉。"据此，检察机关对民事案件当事人支持起诉，是有法律根据的。检察机关对于受到违法行政行为侵害的行政相对人是否可以支持起诉，行政诉讼法尽管没有明文规定，但从立法精神上看，行政相对人相对于行政机关的强势而言，其地位更加弱小。权利人的合法权益受到行政机关不法侵害时，受害人无力、不敢或不便进行诉讼的情况只会更多，更有支持起诉的必要性。最高人民检察院《关于加强民事行政检察工作若干问题的意见》中即提出"积极稳妥地开展支持起诉工作。对侵害国家利益、社会公共利益的案件，支持有起诉权的当事人向人民法院提起民事、行政诉讼"。

（四）对违法行政行为提起行政公益诉讼

根据传统"诉讼利益"理论，原告起诉只能限于与自己权利或法律上利益有直接关系。但是在社会公共利益遭受侵害的情况下，与行政行为有直接利害关系的人可能是受益者，不会提起诉讼。而且在某一特定问题上有直接利害关系的人并不一定代表全社会的利益。为了维护社会公共利益，应允许与自己权利无直接法律利害关系的组织，可以就行政机关的违法行为提起行政诉讼。同时，出于兼顾效率和公平的目的，由检察机关担负起行政公益诉讼的任务更为合适。检察机关提起行政公益诉讼的范围应当仅限于公共利益受到违法行政作为或者不作为行为侵害引起的行政争议，包括行政机关不主动履行法定职责，损害社会公共利益而无人起诉的；只有受益人没有特定受害人的；受害人为不特定多数人的。

（五）对法院错误裁判提出抗诉

《行政诉讼法》第64条规定："检察机关对法院已经发生法律效力的判决、裁定，发现违反法律、法规规定的，有权依照审判监督程序提出抗诉。"行政抗诉无论对于行政审判权还是对于行政权，都具有监督功能。法律授权检察机关对行政诉讼活动实行全面监督的主要目的之一就是防止行政诉讼被告不遵守诉讼秩序。可以说，检察机关对被告的诉讼活动的监督职能既是对诉讼秩序的监督，也是对行政权的约束。可是法律没有明确赋予检察机关有效的监督手段。检察机关发现违法的诉讼行为以后，只能建议法庭依法采取强制措施或者建议有权的行政机关予以处理。

（六）查办行政执法者的职务犯罪行为

职务犯罪是行政机关工作人员在执法过程中达到犯罪程度的违法行为，是最为严重的行政违法行为，破坏了国家的正常管理活动和职务行为的廉洁性、正当性。对职务犯罪的追究是检察机关对行政执法行为实施监督的重要方式，检察机关不仅享有职务犯罪行为的立案侦查权，还享有对该类案件的审查起诉权，通过追究违法者的刑事责任，通过剥夺其财产权、人身自由的权利，甚至是生命权的方式体现出最严厉的惩罚。检察机关通过对渎职侵权、贪污贿赂等犯罪行为的侦查，追诉严重违法乱纪、构成犯罪的国家工作人员或单位，以此保障行政执法行为的正当行使。2012年以来，灌云县人民检察院共立案查处行政执法人员渎职案件7件11人。有力地打击了行政不作为、乱作为的现象，规范了基层行政执法，取得了较好的法律效果和社会效果。

三、基层行政执法监督的原则

在不具备一般监督权的情况下，检察机关在开展基层行政执法监督中如何既符合社会发展需求和群众要求又不突破法律规定，正确履行检察职能，我们认为应坚持以下几项原则：

（一）重点监督与全面监督相结合，以重点监督为主

基层行政执法面广量大，检察机关资源有限，对行政执法行为的监督，应集中在一些重大责任事故、重大行政处罚、严重行政违法行为以及社会热点问题上，特别是对涉及民生的征地、拆迁、国有土地征用、食品药品安全生产监管、环境污染等领域应重点监督，检察机关介入这些重要领域、介入重大事故中进行监督，既符合群众的利益诉求，也符合行政权监督的价值趋向。

（二）事中监督与事后监督相结合，以事中监督为主

检察机关对受到违法行政行为侵害的行政相对人支持起诉、对法院就违法行政行为的错误裁判提出抗诉、查办行政执法者的职务犯罪行为等都是事后监督，事后监督可以起到亡羊补牢的作用，但是危害结果已经发生，国家利益、公共利益、个人利益已经受损，有些甚至是无法弥补、无法挽回的损失。我们认为，对事关民生领域的一些行政执法行为，特别是行政执法行为已经违法的情况下，检察机关适时介入监督，能及时了解并掌握案件情况，无形中对执法者行使自由裁量权产生约束，既节约行政资源，也保护行政相对人的合法权益。在灌云基层行政执法检察监督实践中，该县的一些行政执法机关认为，检察机关提前介入行政执法过程对他们很有帮助。

（三）柔性监督与刚性监督相结合，以柔性监督为主

在灌云基层行政执法监督实践中，检察机关对行政执法监督检察中发现问题，可以根据问题的性质、严重程度采取提出检察建议、检察意见、纠正违法、追究刑事责任等监督手段。对于一般违法行政行为检察机关更倾向于运用检察建议等柔性方式进行监督，这样被监督单位容易接受，也有利于行政执法机关加强自身建设，监督者与执法者容易达成和谐。当然，检察建议存在刚性不足的问题，行政执法机关对检察意见、纠正违法可能出现不采纳、不接受的情况。对此，灌云县人民检察院推动人大出台了《关于提升检察建议质效的若干规定》，县人大对行政执法机关检察建议落实不到位、整改不及时的问题，通过启动问责、质询程序保证检察监督的效果。

略谈检察机关对行政违法行为的监督[*]

检察机关对行政违法行为进行监督，作为党的十八届四中全会决定中

---

[*] 原文发表于《中国检察官》2015年总第227期。

的重要内容之一,是全面推进依法治国、权力制衡与监督以及促进依法行政的现实需要,也是检察机关充分发挥职能,开展行政检察工作的重要任务。明确对行政违法行为的监督权限与范围,贯彻监督原则,探索监督方式,是检察机关做好行政违法行为监督工作应当研究的重要课题。

一、对行政违法行为监督的权限与范围

1. 监督权限。按照四中全会决定精神,检察机关对违法行政行为监督应限定在检察机关履行职责中发现。而履行职责包括哪些?笔者认为,直接体现检察职权行使的职务犯罪侦查、审查逮捕、审查起诉、职务犯罪预防、民事行政检察中发现的行政违法行为都可以进行监督。另外,检察机关受理控告、举报、申诉中发现的线索,应不应该受理,如果不受理,应移交给哪个机关处理?从检察机关宪法定位来看,检察机关理所应当受理。还有法规规定的检察机关其他职能,如行政执法与刑事司法相衔接中检察职能的履行,应该也是依法履职。检察机关各部门发现违法行使职权、不履行职权的线索,应及时移交检察机关行政执法监督部门,行政执法监督部门应建立一定工作流程,严格依照流程启动行政执法监督程序,在监督过程中要加强沟通协调并做好监督结果的反馈工作。

2. 监督范围。检察机关对行政违法行为监督应保持一定的谦抑和克制,监督范围应当限定在国家利益和社会公共利益受到违法的行政行为或不作为引起的行政争议,诸如事关行政相对人重大权益的行政违法行为,限制人身自由的行政强制措施、重大的行政处罚、重大的行政许可等予以重点监督。具体而言,涉及国土资源保护、生态环境、食品安全、征地拆迁等民生领域的应开展监督。

二、对行政违法行为监督的原则

1. 依法监督原则。检察机关是宪法定位的国家法律监督机关,检察机关行使监督权,除宪法依据外,还有《行政处罚法》《关于加强行政执法与刑事司法衔接工作的意见》等规定,检察机关在推进两法衔接中依法履行监督职能,到位而不越位,介入而不干预,与行政执法部门加强沟通协作，互通有无，共同做好两法衔接中各项工作。积极有效促进政府规范执法，廉洁执法，有助于诚信政府法治政府的建设。

2. 及时监督原则。现实中，行政执法行为涉及社会生活的方方面面，如果都是当事人申请救济时才进行监督，社会上行政执法的乱象就不会减少或有效加以规范，甚至愈演愈烈。从两法衔接中要求行政执法机关主动报备行政处罚或检察机关对国家公职人员职务犯罪预防角度，检察机关可以事中监督，有些涉及民生领域的行政处罚与行政违法行为可能造成严重危害后果时，从推进社会治理的角度，检察机关可以提前介入，这种监督主要是获取信息，掌握情况，促进依法行政，同时可以避免或减少不应有的危害或损失。

3. 有限监督原则。检察职能的谦抑性决定了行政执法监督中检察机关的作用范围是有限的，这就要求我们必须把握好一个基本的底线，即不干涉行政执法的活动。行政执法活动自身面广、量大的特性，检察机关自身的定位和有限资源，决定了检察机关只能是有限监督。有限监督一定要更多地关注公共利益方面的监督。公共利益包括国家利益、公共利益或重大的人身财产安全等，行政执法监督要围绕这类违法行使行政职权的行为进行监督；有限监督一定要有重点地进行监督，结合当地社会反映比较强烈的或出现问题比较集中的行政行为或行政领域进行监督，如涉及安全生产、环境污染、征地拆迁、食品药品安全等涉及民生领域的行政处罚进行监督或针对重大行政违法行为进行监督。

4. 适当性原则。在充分遵循行政管理规律、行政权运行特点的前提下，检察机关要恪守权力边界，一般不能介入具体行政过程，只能监督和督促行政机关依法行使职权，不能代替、直接撤销或者变更行政行为。对行政执法检察中发现的问题，可以根据问题的性质、严重程度采取提出检察建议、检察意见、纠正违法、追究刑事责任等监督手段。对于一般行政违法行为，检察机关倾向于运用检察建议等柔性方式进行监督，这样被监督单位容易接受，也有利于行政执法机关加强自身建设，监督者与执法者容易达成和谐。当然，检察建议存在刚性不足的问题，行政执法机关对检察意见、纠正违法可能出现不采纳、不接受的情况。对此，灌云县人民检察院推动人大出台了《关于提升检察建议质效的若干规定》，县人大对行政执法机关检察建议落实不到位、整改不及时的问题，通过启动问责、质询程序保证检察监督的效果。

三、对行政违法行为监督的方式

1. 检察建议。检察机关在履行职责中发现针对政府及其部门在管理程序方面存在的问题或缺陷，可以以检察建议的形式向该单位提出消除隐患、减少损失、完善制度的意见和建议，同时将检察建议向同级人大常委会备案。笔者所在检察院报请人大出台的《关于提升检察建议质效的若干规定》，对行政执法监督过程中发现的不履行检察建议有关规定的提请人大进行问责和质询，增强检察建议刚性约束力。

2. 纠正违法。对于正在发生或已经出现的行政违法行为，将严重损害国家利益和公共利益，若不及时纠正会造成难以弥补的损失的，检察机关可以向有关行政机关发出纠正违法通知，要求该行政机关对其作出违法行为限期纠正，能够及时有效制止违法行政行为。

3. 督促履职。检察机关认为行政主体在行政执法中疏于职守或怠于履行职责时，为了维护国家利益和社会公共利益，敦促相关行政主体履行职责，行政主体应当在合理期限内履职，并书面答复检察机关。例如，对于行政主体怠于履行职责引发的食品安全事件或公共卫生事件，检察机关应当督促行政主体履行职责。

4. 支持起诉。行政执法行为侵害国家利益、社会公共利益时，检察机关应当支持当事人起诉。最高人民检察院《关于加强民事行政检察工作若干问题的意见》中提出"积极稳妥地开展支持起诉工作。对侵害国家利益、社会公共利益的案件，支持有起诉权的当事人向人民法院提起民事、行政诉讼"。这无疑表明了最高人民检察院在行政诉讼中对支持起诉的态度，而实践中也不乏检察机关将支持起诉作为监督行政执法行为的重要监督方式之一。检察机关支持当事人起诉,表明了国家法律监督机关对行政主体侵害国家利益和社会公共利益的一种态度,能够引起审判机关的重视。

5. 行政公益诉讼。行政主体在行政执法中不作为、滥用职权、超越职权等行为致使国有资产流失、生态环境和重要文化遗产遭受破坏等事件时有发生。由于法律只允许本人的权利受到具体行政行为侵害时才能提起诉讼,对于与本人权益无关的国家和社会公共利益被侵犯,任何个人、组织都无权起诉,国家利益和社会公共利益无法得到救济。国家利益和社会公共利益受到行政执法行为的侵害,必须要确定一个实体性的单位或组织来代替其行使诉权。行政机关、审判机关和立法机关都不适合代为行使诉权,检察机关作为国家专门的法律监督机关,具有提起行政公益诉讼的法律依据和现实基础。因此,赋予检察机关提起行政公益诉讼的权力,是强化检察机关行政执法监督权的有效途径。党的十八届四中全会提出探索建立检察机关提起公益诉讼制度,为建立行政公益诉讼制度奠定了政治基础。

6. 查处职务犯罪。职务犯罪是行政机关工作人员在执法过程中达到犯罪程度的违法行为,是最为严重的行政违法行为,破坏了国家的正常管理活动和职务行为的廉洁性、正当性。追究职务犯罪人刑事责任是检察机关对行政执法行为实施监督的重要方式,检察机关一方面享有职务犯罪行为的立案侦查权,另一方面还享有对该类案件的审查起诉权,通过行使这些权力追究职务犯罪人的刑事责任,起到对行政执法行为实施监督的作用。检察机关查处行政执法领域的犯罪不仅使犯罪分子得到应有的惩戒,还能够很好地预防职务犯罪的发生,起到良好的警示作用,体现了以权力制约权力、以法治权的精神和理念。

加强行政执法检察监督的再思考[*]

经过近五年来的实践探索和理论研究，笔者结合在灌云县人民检察院工作期间的一些思考，总结行政执法监督的模式、依据、原则、机制、方式等方面的问题，反思已经开展的工作，认为还有一些尚需完善的地方，本文从以下三个方面进一步深入研究。

一、信息平台建设是基础

信息平台建设是行政执法监督运行的前提和基础，监督行政违法行为的关键是能够发现和知晓监督对象存在违法，这就要求通过一定途径了解行政执法行为如何进行，才能对行政执法行为进行评判。因此，及时获取行政执法信息是实施监督的必要条件。目前，灌云县人民检察院获取行政执法信息的平台有三个，一是自主开发的两法衔接平台，基于2013年1月推进行政执法和刑事司法相衔接而建立的专门用于报备行政处罚信息的运行平台。此平台配套机制较完善，运行效果较好。二是阳光权力网平台，此平台是由政府法制部门和监察部门先行建立的，检察机关后期参与其中，推进此平台的建设和完善，通过平台报备的行政执法的信息种类较多，内容较全面，但报备的真实情况难以确定，这其中有部分内容（行政处罚类信息）与两法衔接平台报备的内容有重合，行政执法机关有的因重复劳动会产生不满情绪。三是行政执法监督微信平台，灌云县人民检察院自行建立的有行政执法监督信息员参与的微信信息交流平台，主要受理行政执法监督信息员提供的基层行政执法的信息，实践中与群众利益联系较紧密，但基层信息员报备的主动性不够，作用发挥还不充分。

行政执法监督信息平台实现了行政执法与检察监督信息的互联互通，提高了行政执法监督的效能，但是在实践中还存在平台录入人员缺位、录

---

[*] 原文发表于《中国检察官》2017年总第261期。

入不及时、录入内容不全面、重复录入等现象，为了更好地推进此项工作，应在一定区域范围内（以省或省辖市为单位）建立一个较大范围涉及各项行政执法活动的信息共享平台，这个平台的信息应包含行政处罚、行政强制执行、行政许可等内容，同时要健全平台运行的责任主体和工作机制，加强对平台运行的管理、维护、监督、考核，定期检查平台运行的效果。

二、畅通行政执法监督的渠道是关键

1. 履职监督。检察机关内部各职能部门，诸如职务犯罪侦查、审查逮捕、审查起诉等部门在履职过程中发现行政违法行为，一般的轻微的应移送行政检察部门，由行政检察部门受理，并根据需要启动监督程序。严重的涉嫌违法犯罪的应由职务犯罪侦查部门直接启动侦查、调查程序，加强对行政违法行为的惩治力度。其他部门的履职行为是对行政检察部门监督的促进和保障。

2. 信息平台监督。行政执法各部门和检察机关建立的信息共享平台，实践中是获取监督信息的有效途径，检察机关要充分发挥平台的作用，根据工作需要，安排专人定期浏览、搜索平台上的信息，及时筛选，及时核查，随时发现行政违法信息，同时要注意发现平台运行中自身存在的问题，不断改进和提升平台的运行效果和质量，确保信息提供及时，监督规范有效。此外，检察机关还可以与政府服务热线、当地相关新闻媒体热线联系，搭建监督联动互动平台，强化无缝对接，拓展案件线索渠道。同时，充分发挥检察机关外部网站、微信公众号等自媒体的宣传平台作用，及时推送行政执法监督典型案例及工作成果，提升社会各界对其的知晓度、参与度，扩大行政执法监督的社会效应。

3. 模块化监督。为了有效节约司法资源，加强行政执法监督的类案分析，灌云县人民检察院结合行政执法机关的职能，将过去点对点联系的监督方式，优化为现在的面上系统监督，即按职能将行政执法各部门分为几个模块，如食品药品安全领域、环境资源领域、安全生产领域、民生权益保障领域等几大模块，以模块为单位建立联席会议制度、信息通报制度、风险评估制度、案件协调机制，实现相关联领域类似案件的共同研究分析，信息反馈传递，执法风险评估。

4. 应邀参与监督。检察机关的行政执法监督目前主要是事后监督，实践中有些行政行为一旦作出会产生难以挽回的后果，如何保证监督的及时性，使一些正在发生或即将发生的行政违法行为得到及时制止，政府组成部门或当地政法委组织的执法检查或法治建设评查，是提升行政执法监督效果的有效方式，检察机关应邀也可以参与其中。监督行政执法检查的规范性，同时也可以发现行政违法信息，及时提出纠正意见，确保行政执法规范运作。

三、健全行政执法监督机制是保障

1. 线索双向移送机制。党的十八届四中全会提出："检察机关在履行职责中发现违法行使职权或不行使职权的行为，应该督促其纠正。"检察机关履职包括哪些内容，笔者认为，职务犯罪侦查、审查逮捕、审查起诉、职务犯罪预防、受理控告举报申诉、民事行政检察监督都是检察机关履职的重要组成部分。行政检察部门在开展行政执法监督活动中，首先要立足自身，加强与内部相关职能部门的横向联系，建立线索双向移送工作机制，及时获取行政执法监督线索，通过其他部门履职行为形成监督合力，提高工作效率，增强行政执法监督力度，从而有效提升依法行政水平。

2. 相互沟通协作机制。检察机关实现对行政违法行为的规范监督，工作中要注重加强和相关部门的协作配合，加强信息沟通，推进案件流转。一是要加强与各行政执法单位的协作配合，以获取信息为目标，推进信息平台的良性运作，建立健全行政执法监督领导小组，组织成员单位定期召开联席会议，通报行政执法的信息报备、案件处理情况，加强对行政执法单位人员的培训，促进行政执法单位规范执法。二是要加强与政府法制部门的协作配合，政府法制部门是行政执法的牵头部门，检察机关可以通过政府法制部门传递信息、明确要求，加强联合监督。三是要加强与监察部门的协作配合，检察机关通过检察建议、纠正违法通知书督促相关部门改进工作、整改问题，如检察建议落实不到位，可以向监察机关发出意见书，建议对行政违法行为追究行政责任。

3. 动态考核评价机制。行政执法监督运作的规范程度如何、监督效果如何、检察机关除了配合政府法制部门出台具体的规定外，重点要加强对行政执法部门执法监督的考核，政府部门每年要组织对行政执法单位依法行政、法治建设情况进行综合考评，检察机关可以将行政执法监督的平台建设及运行情况、案件信息报送情况纳入政府的法制考核，由检察机关提供相关信息，由政府部门考核，从而深入推动行政执法监督工作的开展。

4. 重大行政执法行为风险评估机制。行政执法行为具有即时性、发生后果不可逆转性，所以重大行政执法行为在作出决定前应报政府法制部门审核，检察机关可以会同政府法制部门对重大行政执法行为进行风险预测和评估，有些部门会主动征求检察机关的意见，检察机关应及时提出合理化建议，促进政府部门依法行政。

5. 备案审查工作机制。检察机关加强对行政违法行为监督，要求行政执法部门通过信息平台报送各类行政执法信息、权力运行清单，加强备案审查监督，同时要规范报备工作，对网上已报备的不再书面报备，避免产生重复劳动的现象。要提升报备的质量要求，提升报备人员素质，保证报备工作的及时性、有效性。

未来行政监督去向如何，特别是检察机关反贪、反渎、预防部门转隶后，检察机关如何拓展这方面的职能，弥补当前对行政执法监督的空白？笔者认为，在实践探索基础上应通过立法予以确认，赋予检察机关这方面的监督权，这样就能从另一层面体现检察机关的法律监督地位，推进依法治国和法治社会建设。

行政执法与行政检察衔接平台构建[*]

检察机关获取行政执法信息的渠道一般为行政机关行政执法案例公布、行政处罚或行政强制等听证程序公开或者是检察机关举报控告、内部相关部门的移送，获取信息渠道单一、方式不科学，导致行政执法检察监督介入不合理、不规范。因此，为了更加全面、及时、真实地了解行政执法情况，全程跟踪行政机关的行政执法，搭建行政机关与行政检察监督平台尤为重要。

一、重要性：建立行政检察监督平台的意义

建立行政检察监督平台是检察机关立足法律监督本位，有效配置检察权，与行政执法部门做到信息共享，依法保障行政权力合法行使，保护社会公共利益，强化行政执法检察监督的制度创新。

行政检察监督平台是检察机关行使监督职能的重要载体。在行政执法实践中，行政机关具有较大的自由裁量权，在行政处罚、行政许可等执法过程中违反法定程序，执法随意，滥用职权或执法缺位现象频繁出现，因此将行政执法信息纳入检察机关法律监督的视野，关口前移，更有利于检察机关监督职能的行使。

行政检察监督平台是检察机关拓宽线索来源的重要途径。建立监督平台实现对行政执法信息的获取，拓宽了行政检察监督工作渠道和范围，丰富了行政检察监督工作的开展方式，改变了检察机关以往跑线索、要线索、等线索的被动局面，通过信息查阅的方式，为开展行政违法行为监督和行政强制措施监督打下良好基础。

行政检察监督平台是检察机关提升监督能力的重要方式。建立行政检察监督平台，检察机关可以从行政执法单位录入平台的行政执法案件入

---

[*] 原文发表于《中国检察官》2018年总第285期。共同撰写人：黄喆。

手，对行政处罚程序、实体上是否符合法律规定、行政处罚结果和实际处罚执行情况是否相一致进行监督，可以有针对性地采取不同措施，开展检察监督，有助于取得良好的政治、社会和法律效果。

二、必要性：建立行政检察监督平台的价值

我国社会正处于改革的攻坚阶段和发展的关键时期，也是一个矛盾突发和利益格局深度调整的时期。在行政机关及其工作人员的法律意识和执法水平还不尽如人意的情况下，必须有一整套健全、完善、行之有效的法律监督体系，建立行政检察监督平台的价值追求在于促进行政管理依法有序，促进检察监督正确实施，促进政治效果、法律效果和社会效果的有机统一。

实现行政效率提高。检察机关通过对行政执法信息的筛选、分析，通过甄别行政违法行为的原因，起到了规范行政执法行为，进而提高行政效率的作用。

实现司法资源整合。行政检察监督平台建立有利于整合检察资源，增强内设部门工作合力，实现以防促查、以查促防的良性互动，既提高了预防职务犯罪工作的实效性，又有利于节省检察资源。

实现三个效果统一。行政权具有管理领域广、自由裁量度大、以国家强制力保证行使等特点，决定了它既是与公民、法人切身利益最密切相关的一种国家权力，又是最动态、最容易被滥用的一项权力，因而制约与监督权力的核心首先是制约与监督行政权。把依法行政和依法监督有机地结合起来，确保政治效果、法律效果和社会效果的有机统一。

三、可行性：行政检察监督平台的架构

早在2005年，上海浦东发端"两法衔接平台"及工作机制，至今历时12年，平台发展初步成熟。目前，正处于网络和现代信息技术高速发展的时代，政务专网或互联网都可以作为搭建信息平台的支撑。检察工作需要与互联网和现代信息技术深度融合的时代已经到来，这是搭建与行政机关信息互通平台的技术保障。

曹建明检察长在《全国检察机关电子检务工程工作会议》上的重要讲话，要求各级检察机关运用大数据、云计算和智能化，提高服务检察工作的能力，又是加强平台建设的组织保障。使得在一个地区的行政机关和检察机关搭建信息沟通平台成为可能，通过建立行政执法与行政检察衔接信息平台，及时获取更广、更宽范围内行政执法信息，对执法活动的程序和实体进行实时监督，进一步拓宽案件线索来源渠道，解决检察机关人员少、工作涉及面广、监督范围有限的困难。

(一) 平台架构应当坚持的原则

一是重点监督原则。行政行为涵盖的种类繁多，且具有极高的专业性，检察机关如果实行全面的监督，一方面缺乏现实的可能性，另一方面造成监督没有主次之分，浪费了有限的司法资源，也使得监督效果不明显。因此，检察机关应当重点监督如环境资源、安全生产、医疗卫生、市场监管等涉及民生民利等几类行政行为，确保行政执法监督取得实际效果。

二是合法性审查原则。现代法治对于行政行为的评价标准包括合法性和合理性，行政行为不仅需要在内容、程序等方面符合法律规定，还要具有正当动机、符合公正法则。检察机关的宪法定位是法律监督机关，对行政行为的合法性监督是检察监督的应有之义。而行政机关依法享有行政自由裁量权，系专属权限，对其行使的合理性问题一般情况下行政权以外的公权力不得干涉，因此行政行为的合理性则不宜列入检察监督的范围。

三是多环节监督相结合原则。目前检察机关的监督多着眼于事后监督，如通过抗诉进行监督。当行政违法行为的危害后果已经发生作用之时再行监督时机已经错过，通常效果也不尽理想。检察机关有权主动实施法律监督，如采用提前介入、对行政机关的行政决定进行备案审查等方式，都能够有效弥补审判监督被动性之不足。

(二) 平台架构的工作基础

一是要建立行政执法信息共享或通报制度。检察机关对行政执法活动实行监督，首先需要充分、及时掌握行政主体的执法信息。建立行政执法信息共享或通报制度有利于检察机关及时充分地掌握行政执法情况，是人民检察院依职权监督行政执法行为的切入点。

二是要建立检察机关与行政机关沟通协调机制。现行法律法规没有规定行政执法主体对检察机关的监督必须接受或采纳。实践中，检察机关实施监督后，行政执法主体可能没有任何反馈信息，是否接受或采纳监督意见完全取决于行政执法主体的态度。检察机关的监督由于缺少刚性，其监督效果大打折扣。对此，应当建立检察机关与相关行政机关的沟通协调机制，对于检察机关提出的监督意见，行政执法机关应当在相应的时限内对是否接受或采纳意见予以答复，以利于规范行政执法行为，严格依法办事。①

三是要建立检察提前介入机制。提前介入制度是在"行刑衔接"中，对重大的或有广泛社会影响的涉嫌犯罪案件，人民检察院派员提前介入行政机关的调查活动，对可能涉及犯罪的重大事故、重大事件和重大刑事案件，在相关职能部门调查处理的同时，应及时通知检察机关介入调查，将引导取证工作向前延伸到刑事立案之前，防止证据灭失，及时发现并查处其中的渎职犯罪线索。

（三）平台架构的板块构成

平台的建立要满足对行政检察工作信息采集需求，合理设置平台功能，确保信息的全面动态传输，实现检察机关与行政执法单位办案信息互联互通的效果。平台主要围绕行政执法信息收集、执法监督、统计分析三项内容，采用自动预警监督、主动抽样监督、投诉举报监督、重大案件监督、交办转办监督五种监督方式，多角度、全方位地对行政执法情况进行监督，规范行政执法主体的执法行为，对其是否作为、作为是否合理、程序是否合法等情况进行监督，对行政执法情况进行分析考核，提升行政执

---

① 参见杜睿哲、赵潇：《行政执法检察监督：理念、路径与规范》，载《国家行政学院学报》2014年第2期。

法质量，促进行政执法规范化建设。

四、实践性：行政检察监督平台的建立和完善

（一）总体目标

依托互联网建立行政执法信息共享平台，实现行政执法、行政法律、法规等资料的网上报送，从而实现政府、行政执法机关、司法机关之间的执法、司法信息共享，实现检察机关对行政执法行为的网上监督，实现信息共享平台管理的常态化、规范化。

（二）功能组成

行政检察监督平台具有五大功能，即案件录入、法律法规筛选、自动对比、综合查询、数据统计。主要实现以下三大目的。

一是信息资源的互联互通。通过平台实现信息共享，可以快速便捷地获取各执法部门最新执法动态和信息，以便民行部门及时介入，督促依法履行职责。如民行部门可以通过信息共享平台搜索、访问相关部门的行政执法信息，发现行政执法机关的行政处罚决定和行政命令是否符合法律规定、裁量是否准确、案件是否按照法定程序移交法院强制执行等，确保案件及时准确处理。

二是案件情况的跟踪监控。检察机关可以通过平台及时掌握各行政执法机关案件移送情况，发现该移送不移送或不及时移送等情况，通过网上发出建议移送的意见，保证各行政执法机关案件移送工作处于受控状态。

三是执法行为的预警提示。通过设定关键词、关键节点，设定对比、筛选词条等，对行政执法主体、执法程序、执法行为、法律适用、办案期限、处罚依据、处罚裁量以及后续移交情况等多个执法环节进行自动比对、自动发现、自动预警。同时对检察机关案管中心接收的环境资源保护、国有资产保护、国有土地使用权保护等案件进行行政执法反向检察监督，既节省行政检察监督的时间和成本，提升行政检察监督效能，也促进了相关行政执法部门规范执法。

(三) 运行保障

一是统一思想认识。检察机关要加强与辖区政府的沟通,做好协调工作,达成共识,打破数据壁垒,实现公共信息资源普遍开放共享、部门信息资源按需安全共享,确保处于割裂和休眠状态的数据实现汇集融合、在线流转,并争取政策、资金等方面的支持。

二是营造运行环境。平台的建设要依托电子政务网,在政府的积极协调下,确保行政执法单位实现电子政务网的联通,实现全面运行网络畅通,确保平台所需的软、硬件设备配备到位。

三是保障数据录入。纳入监督平台的行政执法用户单位要落实专人负责平台运行,及时录入执法信息,依法移送涉嫌犯罪案件,检察机关要积极加强监督,确保网上的录入、流转、受理、监督等内容规范。

四是建立沟通机制。检察机关充分发挥主动性,通过互联网建立平台运行微信群、QQ 群等,及时交流平台运行情况,解决平台运行中的疑点和问题,对暂时不能解决的,整理、收集后及时解决。

五是强化检查考核。按照统一部署,突出重点的原则,检察机关、政府法制部门不定期到重点行政执法部门开展走访、调查,加强指导和监督。将是否依法移送、受理、立案以及执法信息录入等情况纳入依法行政目标考核。[①]

行政检察监督平台是新形势下依托大数据促进检察监督,提升电子检务水平的有益尝试,实现检察机关对行政执法信息的网上共享和行政执法行为的网上监督,进一步拓宽行政执法检察监督的新渠道。

[①] 参见霍成茹:《检察机关行政执法监督的机制构建》,载《湖南警察学院学报》2011 年第 6 期。

检察机关对行政执法行为实行法律监督的实践基础与制度构建[*]

党的十九大报告明确健全依法决策机制，构建决策科学、执行坚决、监督有力的权力运行机制。赋予检察机关对行政执法行为的监督权，将为行政执法监督探索路径，为维护公共利益、服务保障民生、促进法治建设提供制度保障。

一、现状：法律依据的深度缺失和突破困境的先行先试

检察机关依照法律确定的职权，针对行政执法活动中不规范、不合规的行为，通过行使专门的检察权督促、检核行政权的依法行使，确保行政机关正确行使权力，从而使行政执法机关高效准确地履行法律职责。

（一）行政执法检察监督法律依据的梳理

行政执法检察监督权，是由宪法授权，其他基本法律规范确认其效力，相关规定细化和系统保障权力的执行。一是宪法的条文规定。《宪法》第129条赋予检察机关的一般法律监督权，为行政执法检察监督提供了宪法性依据。二是实体法的条文规定。《人民检察院组织法》第6条规定，"人民检察院依法保障公民对于违法的国家工作人员提出控告的权利，追究侵犯公民的人身权利、民主权利和其他权利的人的法律责任"。三是诉讼法的条文规定。《行政诉讼法》第11条规定："人民检察院有权对行政诉讼实行法律监督。"

（二）行政执法检察监督法律依据缺失的影响

目前的法律体系只在宏观上赋予人民检察院行政执法检察监督权，没有详细的操作规范，监督内涵和程序规定不明，使得检察机关工作面临着如下困境：一是如何启动检察监督没有规定。检察机关由于没有保障监督

---

[*] 原文发表于《检察工作》2018年第2期。共同撰写人：黄喆。

落实的有效手段，启动行政执法监督也无法律法规的明确规定。二是以什么方式检察监督没有规定。检察机关对行政执法活动开展监督，无论是监督的程序规定还是监督文书种类都没有规定。三是由哪个机构进行检察监督没有规定。行政执法活动种类繁多，检察机关内部没有规定设置专门的行政检察部门。

（三）行政执法检察监督的先行先试

实践中，一些地方检察机关开展行政执法监督试点工作，例如，检察机关与地方政府联合出台相关规范性文件，奠定行政执法检察监督规范运作的基础；组建行政执法监督办公室，由检察机关牵头、多部门参与，处理行政执法监督日常事务；把教育、建议、纠正、移送四种监督方式有机结合起来，对行政执法活动进行监督；在探索中充分利用高校的学术资源，为工作创新提供智力支持。

二、推进行政执法检察监督的意义

行政执法检察监督是建设法治政府的必然要求。随着司法制度改革的进一步深化，检察机关加强对行政权的监督，保护公民法律权益，必须转变观念，强化职能，督促行政机关在宪法和法律统一授权下实施行政行为。同时，行政执法检察监督是履行宪法赋权的重要载体。检察机关的专门监督职能是由宪法确定的，在法律规定的框架内实现法律监督权。行政执法检察监督是控权保民理念实现的重要途径。检察机关要实现检察权对行政权的有效监督，就必须遵循行政权力运行规则，依法履行检察职能实现对行政执法的监督。

三、行政执法检察监督实现路径之选择

（一）宏观上适应国家治理体系法律化要求，完备行政执法检察监督法律法规体系

通过立法、授权性规定、法律解释等途径，明确具体的可操作性的规定，实现检察机关开展行政执法检察监督于法有据、有法可依。

（二）中观上适应司法体制改革深度化要求，合理设置检察机关内部职能机构

以改革为契机，加快行政检察队伍的职业化建设，加强检察人员行政法素养的培育，打造行政执法法律监督专业力量。

（三）微观上适应行政执法强度化的要求，多措并举以有效履行行政执法检察监督权

加强与纪检监察机关的沟通协调，通过会签相关文件，建立工作联系机制、联合办案机制等，实现信息共享，保证检察建议与纠正违法通知书的法律效力。

四、行政执法检察监督权基层实践之架构

目前，行政执法检察监督尚处于探索和试错阶段，特别是在基层检察院，在没有统一标准和要求的情况下，只有围绕工作大局，紧密契合检察职能，通过搭建监督平台、创建监督机制，积极参与社会治理创新，实现监督模式创新，提升监督质效。

（一）精心调研和科学论证，打牢基层行政执法监督实践和理论基础

借鉴试点地区经验，发挥智库参谋的作用，结合自身工作实际，把握工作定位，明确工作思路，在地方党委政府的领导下，发挥行政执法机关的原动力，增强行政执法监督的针对性和有效性。

（二）突出规范和科学规划，创建基层行政执法监督体系和制度保障

检察机关可以在与行政机关充分磋商和协调的情况下，考虑出台指导性文件，积极为基层行政执法监督提供政策、制度保障。

（三）把握要求和明确原则，确保行政执法监督依法有序进行

一是坚持依法监督的原则。检察机关是宪法规定的国家法律监督机关，决定了其自身活动更应契合法治精神，积极有效促进政府廉洁规范执法。二是坚持及时监督原则。坚持以事后监督为主、事前事中监督为辅，以增强工作的前瞻性和主动性，避免或减少行政执法行为不应有的法益损失。三是坚持有限监督原则。坚持监督与支持并重、监督与预防并重，充

分尊重行政机关的行政权，通过到位而不越位、介入而不干预的监督活动，推进行政机关依法行政。四是坚持适当监督原则。检察监督必须把握好"度"，在依法履行监督职能的基础上，兼顾效率和效果，平衡好司法和行政体制下各方面的关系和利益。

五、创新理念和突出目的，强化基层行政执法监督机制建设和模式建立

（一）模式的架构——构建党委领导、人大支持、政府牵头、检察监督、部门司职监督模式

党委领导，即行政执法检察监督的重要内容要紧紧围绕辖区内地方党委的中心工作开展，一些重大行政执法监督案件要有党委的指导协调；人大支持，即辖区内各级人大支持行政执法监督工作，组织研究解决执法监督中的行政执法与检察监督的重大事项，定期不定期听取审议检察工作报告关于行政执法监督工作情况，对检察机关发出检察建议整改不到位的行政执法部门进行质询；政府牵头，即辖区内各级政府牵头组织专项检查，召开联席会议，对行政执法活动、执法过程和执法效能的综合跟踪评价；检察监督，即检察机关依照法律规定，利用受理举报、监督案件、纠正违法发现和查找行政违法行为，对行政执法行为实现有效监督；部门司职，即各行政执法主体依法履行行政执法职责，做到依法行政、合理行政。

（二）平台的架构——搭建行政执法信息共享平台和行政执法监督互动平台

与政府法制、纪检及行政执法部门联系对接，搭建行政执法信息共享平台，实现行政执法信息的资源共享。搭建行政执法监督互动平台综合运用"检民联系卡""控申举报平台"等形式，搭建群众诉求平台，畅通群众举报渠道。

（三）机制的架构——建立健全监督五项机制

1. 执业动态研判机制

对所辖区域行政执法工作现状进行调研摸排，掌握第一手资料，夯实

工作基础。结合各行政执法领域和行业的职能性质、执法权限和作业特点专项研判，明确检察监督工作方向、方式、方法。针对不同形势、不同阶段、不同语境下的行政执法检察工作动态研判，及时调整工作权重，进行人员、机构重组和优化。

2. 相互协作配合机制

通过不断强化制度建设，增进双方或多边的协作配合，推进监督工作的规范化、常态化和长效化。把监督工作纳入所辖区域行政执法的总体框架，主动融入"双向"领导体制，坚持向党委请示报告和定期向上级院汇报沟通制度，争取政策倾斜和智力帮扶构建大监督的格局；主动接受外界监督，坚持定期或专题向人大常委会报告工作制度，在主动接受监督的同时，争取人大的支持和帮助。强化与政府法制、目标考核、纪检监察部门的联系，推动出台规范性文件，谋求支持和配合；强化检察机关与行政执法机关的双向对接，特别要与食品药品卫生、生态环境保护等涉及民生领域和行业做好衔接，通过联合签署规范性文件、定期召开联席会议等形式，及时协调和解决工作中遇到的问题，统一执法和监督尺度，统一信息公开、案件报备的范围、标准、时间和要求；充分发挥行政执法监督互动平台作用，与信访、政风热线以及舆论媒体建立固定合作伙伴关系，互通有无，拓宽线索来源渠道。

3. 监督质效保障机制

对检察机关介入监督的案件或事项，要强化力度和硬度，确保监督效果。一是提示预警。对发出的检察建议或提出的其他监督事项，强化跟踪问效，对反应迟缓、回复不及时、顾左右而言他的，进行口头提示预警或发出书面督促通知书，要求予以重视和落实。二是跟踪监督。对避重就轻、隔靴搔痒、包庇护短的监督对象，由检察机关纳入办案系统跟踪监督范畴予以办理，提请上级院向其上级主管部门进一步监督。三是提请人大质询或问责。对于无动于衷、消极对抗，甚至排斥监督的行政单位，提请人大进行质询，直至依照法定程序追究相关领导人员的党政纪责任。四是调整监督方式。变检察建议书为纠正违法通知书，积极探索和尝试监督令或限期整改通知书的监督方式。

4. 定期考核评价机制

将行政执法监督工作纳入地方综合考评体系，探索建立考核指标，强化考核工作抓平时、抓过程、抓落实，形成权责分明、行为规范、协调一致、监督有效的行政执法监督机制，真正发挥考核"指挥棒"的作用。针对自查、督查发现薄弱环节和完成较差的工作指标，会同责任部门分析落后原因，找准存在问题，量身提出解决意见建议，用行政强制力加强行政执法监督的执行力和落实力度。

5. 建档备案审查机制

建立健全行政执法档案管理制度，明确专人负责建档工作，实现电子录入和应用。对行政许可、行政强制、行政处罚、行政复议、行政诉讼等监督门类案件进行分类管理并实行纸质和电子卷双存储制度，导入行政机关权力清单档案，全面掌握行政执法职责职权及动态执法信息。

综上，在监督模式的政治基础上，坚持和加强党的领导是根本；在监督形式上，严格在法律授权框架内开展工作，依法履行检察机关监督职权；在监督效果上，促进基层执法单位建立执法全过程记录制度，规范行政执法程序，建立健全行政执法和刑事司法衔接机制，符合司法体制改革的发展方向，是检察机关强化对行政权力的制约和监督、促进依法行政的总体要求。

行政违法行为检察监督的原则与方式[*]

对行政违法行为进行法律监督是检察机关的一项重要职能。实践中，行政违法行为检察监督应遵循有限性、及时性和行政权优先原则，明确监督的范围、方式，并积极构建行政违法行为检察监督信息共享、联席会

---

[*] 原文发表于《人民检察》2023年第20期。系江苏省人民检察院理论研究课题部分成果。

议、线索双向移送、同步介入调查、动态跟踪监督、专项监督检查、考核评价等制度,以高质效履职促进行政机关依法行政。

一、行政违法行为检察监督的政策依据

《中共中央关于加强新时代检察机关法律监督工作的意见》(以下简称中央《意见》)明确要求,在履行法律监督职责中发现行政机关违法行使职权或者不行使职权的,可以依照法律规定制发检察建议等督促其纠正。中央《意见》的出台,为检察机关开展行政违法行为监督提供了政策依据,丰富了行政检察监督内涵,对促进行政机关依法行政、创新社会治理具有重大的现实意义。2023年7月,在大检察官研讨班上,最高人民检察院检察长应勇对这项工作也作出重要指示,要求检察机关积极探索行政违法行为检察监督,推动依法行政、建设法治政府。各级检察机关应按照中央《意见》要求以及最高检党组决策部署积极探索行政违法行为监督,努力打造行政检察工作新的增长点和亮点。

二、行政违法行为检察监督应坚持的原则

(一)有限性原则

行政权涉及各领域各方面,对于行政复议、行政调解等行政司法领域,检察机关不宜介入。当事人不服行政复议的,可以通过行政诉讼救济;行政调解涉及双方当事人的意愿,检察机关也不适宜参与。其他涉及行政机关的内部行政行为,如行政指导、行政处理等是行政机关自身内部行政事务,检察机关不应介入。实践中,与公民人身财产权益有关的行政处罚、行政强制、行政征收以及有关资质认定的行政许可等案件的办理,检察机关可以介入监督。此外,因检察机关自身资源有限以及专业限制,难以顾及面广量大的全部行政执法领域,应坚持量力而行,有重点地开展监督。

(二)及时性原则

行政违法行为监督,原则上以事后监督为主,事中监督为辅,但对于涉及公共利益或公民个人权益受侵害的紧迫现实危险时,检察机关应及时依申请或依职权进行监督。这是因为,虽然当公共利益已遭受损害或权益受到侵犯再启动监督程序也能起到纠错作用，但损失已无法挽回，此时监督无法达到预期效果。坚持及时性原则，既是检察机关积极履职的体现，也有利于及时制止行政机关滥用职权或不当行使职权的行为。

（三）行政权优先原则

检察机关在履行法律监督职责中应严守权力边界，尊重行政权自身运行规律和内部程序，当行政机关自身无法遏制违法情形发生时，检察机关介入监督前应先建议行政机关内部自行纠正，只有当行政机关违法履职或不履职时，检察机关才适时开展监督。

三、行政违法行为检察监督的方式

（一）检察建议

检察机关在履行法律监督职责时，根据发现的违法情况，向有关单位和个人发出建议，要求其纠正违法行为或改进工作，从而保障法律统一正确实施。这也是中央《意见》明确规定检察机关可以采用的监督方式。行政机关在一定期限内不予纠正的，检察机关可向其上一级行政机关或同级政府提出检察建议，并对相关责任人员依法提出进行行政处分的建议。这是一种柔性的监督方式，为增强检察建议刚性，检察机关可积极争取地方人大支持，通过地方人大出台关于支持检察建议工作的相关规定，行政机关收到检察建议逾期不予整改的，检察机关可以提请人大启动问责和质询程序，以提升检察建议刚性。

（二）督促起诉

当发生国有资产流失等国家利益或社会公共利益受损的情况时，具有相应监督管理职责和民事诉讼原告资格的行政执法机关怠于向法院提起诉讼，致使遭受的损害得不到公平的救济的，检察机关可通过向行政机关发送《督促起诉书》，督促其依法提起民事诉讼，通过此途径维护国家利益和社会公共利益。行政机关作为公共事务的管理者和国家权力的行使者而享有的诉权，兼具权利义务双重属性，放弃即有可能构成失职，这是检察机关督促起诉制度存在的基础。

四、行政违法行为检察监督的制度构建

加强行政违法行为检察监督,需要相关制度机制支撑保障,从司法实践来看,至少应当建立以下制度机制。

(一) 信息共享制度

为了重点加强对涉及国家利益、公共利益、民生领域相关行政违法行为的监督,及时掌握行政执法的动态信息,检察机关应坚持在地方党委政府的支持下,建立与行政执法机关的信息共享平台。各行政执法单位及时录入行政执法案件信息,检察机关通过登录平台发现涉嫌犯罪的线索,及时建议行政机关移送公安机关立案。对于不构成犯罪的,及时向有关行政机关制发检察建议督促其整改。由于信息输入的被动性,为防止发生选择性录入、录入不及时的情况,可通过协商方式链接市场监管、环保国土、安全生产等部门的信息端口,实时查看其执法信息,对于不积极履职或怠于履职的,及时督促其纠正。

(二) 联席会议制度

检察机关应定期与相关行政执法机关召开联席会议,通过联席会议及时了解相关领域行政执法存在的问题,对有重大信访风险的行政执法行为及时进行风险评估,提出有针对性的对策建议,促进行政机关执法规范化,开展类案问题研究,统一执法标准和尺度。

(三) 线索双向移送制度

建立与行政机关线索双向移送、案情通报制度。检察机关在履行法律监督职责中发现属于一般性问题或行政机关内部问题的,应及时移送相关行政机关。行政机关发现有行政违法行为构成犯罪的,在移送公安机关立案的同时,同步移送检察机关,检察机关视情况予以监督立案。检察机关与行政机关定期沟通办案情况,对案件中需要协作配合的事项,及时研究解决,促成双方达成一致意见。

(四) 同步介入调查机制

为及时发现并依法处理涉嫌犯罪行为,防止更大危害发生,检察机关应从对行政执法结果的监督，转向对行政执法过程的监督。由于行政违法行为发生的即时性、损失的难以弥补性，对于重大违法行政行为，特别是媒体关注、人民群众反映强烈的案件，涉及群众人身安全和公共安全的案件，检察机关应适时介入，现场了解行政执法具体情况，并及时提出纠正意见和建议。

（五）动态跟踪监督制度

检察机关对行政违法行为提出纠正意见后，对于行政机关不采纳、不整改的，应当及时跟进监督，亦可通过上一级检察机关向同级行政机关提出加强对下级行政机关监督的意见，或处理问题的建议，也可以启动诉讼程序，确保检察建议所涉及的问题得到切实有效的整改。

（六）专项监督检查制度

为确保行政违法行为监督工作取得实效，充分体现检察机关积极履职和积极作为，最高人民检察院结合实际在行政执法领域开展了许多专项监督活动，各地检察机关也结合实际部署了相关专项监督活动，如行政争议实质性化解、土地执法查处领域行政非诉执行监督、全面深化行政检察监督依法护航民生民利，等等。通过专项活动办理了一批案件，解决了一些突出问题。需要特别注意的是，检察机关以法律监督者的身份参与专项检查活动，只是监督行政机关规范执法，而不是联合执法、代替行政机关执法。

（七）考核评价制度

为加强政府法治体系建设，建议地方党委、政府将行政违法行为监督检察建议采纳情况、行政机关整改情况纳入地方政府法治建设年度综合考评体系，并将考评结果与绩效和责任挂钩。行政机关经督促仍不整改被检察机关起诉的，应及时追究相关责任人的责任。通过强有力的考核检查和责任追究，形成权责分明、行为规范、协调一致、监督有力的行政违法行为监督机制。

行政检察中行政违法行为监督
与行政公益诉讼界限问题研究[*]

党的十八届四中全会通过的《中共中央关于全面推进依法治国若干重大问题的决定》，党中央印发的《中共中央关于加强新时代检察机关法律监督工作的意见》，都赋予检察机关开展行政违法行为监督的职责。各地检察机关在探索推进行政违法行为监督工作过程中，与前期已经开展的行政公益诉讼存在许多交叉点。如何处理好行政违法行为监督和行政公益诉讼之间的关系？如何厘清两者之间的边界？本文从地方实践的基础上，论证和分析如何把握两者之间的边界，以便于更好地开展监督工作。

一、行政违法行为监督和行政公益诉讼的共性分析

行政违法行为监督是指人民检察院在履行职责时，发现行政机关违法行使职权或者不行使职权的，依法督促其纠正的法律监督活动，是新阶段中共中央赋予检察机关的职能要求。行政公益诉讼是指检察机关认为行政主体行使职权的行为违法，侵害了公共利益，依法提起诉讼的制度。两者在目标追求、权力性质和监督方式上存在很多共性。

（一）从目标追求来看具有重合性

行政违法行为监督是对行政机关在违法行使职权或不行使职权时，通过检察建议来督促行政机关依法行政，以依法履职、规范履职、文明履职来促进法治建设，同时能更好地维护当事人合法权益，维护国家公权力的公信力和权威。行政公益诉讼是检察机关履行法律监督职责和参与社会治理的重要方式，从检察监督的本质及目标上看，也是督促地方政府的行政机关依法及时履职或纠正违法行为，诉前检察建议也是通过建议这一"柔性"监督方式，追求法律监督效果，实现与行政机关的双赢多赢共赢。故

---

[*] 原文发表于《检察工作》2024年第2期。共同撰写人：潘竹梅。

此，行政违法行为监督和行政公益诉讼两者在目标价值上具有重合性，只是侧重点不同。

（二）从权力性质来看具有一致性

行政违法行为监督与行政公益诉讼都是因行政违法行为而生，两者并不存在本质冲突。尤其是行政公益诉讼的诉前检察建议，从其形式到内容就是对行政违法行为的监督。行政公益诉讼与行政违法行为的最大不同之处在于，是否具有可诉性，行政公益诉讼属于公诉范畴的进一步扩张。同时，并不是每一个行政公益诉讼都拥有完整的法律构造，多数行政公益诉讼案件也都停滞在诉前阶段，以海州区人民检察院为例，2021年以来，办理行政公益诉讼案件139件，起诉到法院的行政公益诉讼案件仅2件。办理前置程序与启动诉讼程序都存在相继性，诉前制发检察建议阶段便是对行政违法行为的监督，因此，行政公益诉讼只有进入实质性的诉讼环节，才能更多反映出检察机关公益代表的角色定位。

（三）从监督方式来看具有相似性

两者的监督方式都是采用检察建议方式，对于在履职过程中发现的行政机关不行使职权，或者是违法行使职权，案件受理后，经过调查核实，对于需要监督纠正的，都是通过制发检察建议的方式来实现。从这个层面来看，行政公益诉讼和行政违法行为监督方式在某些方面具有同一性。检察权统一对外行使，无论采取哪种职能或监督方式，都是检察权在发挥作用。对于接受监督的行政机关而言，并不因此存在纠错机制上的不同，也不存在对监督主体认知上的困惑。

二、行政违法行为监督和行政公益诉讼的不同

（一）权力属性不同

1. 有无直接法律依据不同

行政公益诉讼有明确的法律依据，《行政诉讼法》第25条明确了人民检察院的行政公益诉讼的职责权限和职能范围。随着公益诉讼工作的不断拓展，在之后的一些单行法律法规公布时，也规定了涉及检察机关开展公益诉讼的法律条款。

而行政违法行为监督，虽然有国家层面政策，个别法律也有涉及，如《治安管理处罚法》第114条，截至目前还没有直接的法律依据。随着党中央相关文件的出台、最高人民检察院行政检察工作要点的具体规定，各地也在开展了一些积极探索，通过人大、党委政府出台相关的文件来支持检察机关开展行政违法行为监督。如笔者所在的海州区，区人大出台《海州区行政执法检察监督工作实施办法》，区委、区政府出台《关于推进行政违法行为检察监督，着力优化法治营商环境工作的实施办法》，明确支持检察机关开展行政违法行为监督工作，通过检察机关的法律监督，加上行政机关之前的各项监督，推动形成行政违法行为监督与区委政法委执法监督、区人大执法监督、区政府行政执法监督等各项监督的融会贯通，形成监督合力。

2. 对行政权的限制不同

从行政公益诉讼制度的设计原理、初衷来看，诉前程序可以有效纠正行政违法行为保护公益，加之提起诉讼程序可以充分保障诉前督促程序落到实处，实现了检察建议的刚性要求。[1] 检察机关在行政公益诉讼诉前程序启动后，在检察建议得不到有效落实时，还可以通过法院的审判达到对行政权的刚性约束，起到实质制约的作用。

行政违法行为监督则更多的是围绕具体行政行为与行政部门进行协商、研究，侧重于程序性监督，不介入具体的行政权的行使，而是通过检察建议推进问题的解决，是对行政机关执法权的柔性监督。[2] 在这一监督过程的设计中，不依托于诉讼监督，没有诉讼程序的支撑，以柔性监督的方式开展对行政行为的监督，可以依托于行政机关共同出台工作机制，推

---

[1] 参见广东省信宜市人民检察院课题组：《公益诉讼制度框架下行政违法行为监督研究》，载《南方论刊》2019年第11期。

[2] 参见冯孝科、黄琛、李楠：《行政违法行为检察监督与行政公益诉讼辨析》，载《中国检察官》2022年第11期。

动检察机关、行政机关在司法监督、信息共享等方面达成共识，促进行政执法事前事中闭环管理，帮助行政机关打通治理"短板"，从源头预防类似行政违法行为的重复发生，更好更有效地支持和促进法治政府建设，督促各行政机关依法行政，保障行政权的正确有效行使。

（二）监督对象不同

行政违法行为监督中，检察机关监督的对象种类相对广泛，一般适用行政处罚法、行政强制法、行政许可法等相关规定。行政违法行为监督是在履行法律监督职责过程中，对政府管理、体制运作中的问题，以及涉及行政执法中的法律法规适用不统一，或适用有错误的环节进行有针对性的监督，以促使行政执法的统一。行政违法行为监督通过与"行政"的紧密联系，在办理案件过程中发现普遍性、倾向性、共同性的法律适用或社会治理问题时，采取制发检察建议来督促其纠正，以推进法治政府的进程。而行政公益诉讼监督的对象相对比较狭窄，适用行政诉讼法一般规定，局限于特定领域的"两益"受损案件。

（三）监督方式不同

行政公益诉讼的监督方式包括立案、制发检察建议和起诉等，检察机关通过向行政机关送达《立案决定书》的方式，与行政机关就如何及时、充分履职等问题进行沟通和会商，通过制发《检察建议书》，监督行政机关及时整改。行政公益诉讼在案件办理后，如果行政机关积极整改，实现了"两益"保护，程序就终止。在诉前检察建议的方式中，在行政机关未进行整改或整改不到位的情况下，把行政机关违法或不作为的行为诉至法院，依托法院的审判职能，取得对行政行为的刚性制约，此处的刚性的最终决定权属于审判机关，权力的实现方式和目的也就依托于审判机关。如某基层检察院办理的诉区文旅局不履行职责行政公益诉讼案，某省文保单位，建筑内垃圾遍地，建筑外墙毁损，在检察机关发出诉前检察建议后，仍处于无人管理状态，故提起公益诉讼，请求判令区文旅局依法、及时、全面履职。在诉讼过程中，该局组织实施修缮工程，实行文物保护，诉讼目的得以实现。

行政违法行为检察监督的方式主要是通过制发检察建议来实现，根据行政违法行为的不同情形，具体问题具体分析，对存在的问题有针对性地提出检察建议，促进依法规范履职。行政违法行为检察监督，虽然可以依据具体的情形制发检察建议，但能否得到整改、行政机关是否有效履行了职责，还是要依托于行政机关自身。检察机关在建议得不到采纳时，虽然没有"诉"的强制性，也可以通过向党委政府、人大、监察等机关通报的方式，监督被督促行政机关对行政违法行为予以整改。[①]

三、行政违法行为监督和行政公益诉讼的边界

对于行政权的违法行使，或者行政不作为，是否可以提起诉讼？以下笔者从行政行为是否具有"可诉性"分析行政违法行为监督和行政公益诉讼的边界问题。

（一）具有"可诉性"的行政行为

对于行政机关违法行使职权或不行使职权，侵害公共利益的，如果检察机关通过检察建议的方式督促行政机关履职，行政机关在规定时间内未依法履行监管职责，造成公共利益未得到妥善保护，则根据目前的法律规定和地方实践，具有"可诉性"，检察机关可以通过行政公益诉讼来履行法律监督职能。如在最高人民检察院公布的生物多样性保护公益诉讼典型案例中，贵州省沿河土家族自治县人民检察院督促保护国家自然保护区野生动物栖息地行政公益诉讼案，针对行政机关未依法履职且检察建议到期未回复情形，通过提起诉讼，以"诉"的确认督促行政机关加强对国家级自然保护区自然资源违法行为的监管。2018年试点到现在五年多的时间，公益诉讼法定领域也从最初的生态环境和资源保护、食品药品安全、国有财产保护、国有土地使用权出让四大领域，逐步拓展到包括英烈保护、未成年人保护、安全生产、军人地位和权益保障、个人信息保护、反垄断、反电信网络诈骗、农产品质量安全、妇女权益保障等领域，呈现出"4+N"的

---

① 参见冯孝科、黄琛、李楠：《行政违法行为检察监督与行政公益诉讼辨析》，载《中国检察官》2022年第11期。

开放态势。①《反电信网络诈骗法》、新修订的《反垄断法》《农产品质量安全法》《妇女权益保障法》均规定了公益诉讼条款。而且随着经济社会的发展，越来越多的领域成了公益诉讼拓展的范围领域。拓展公益诉讼案件范围既是检察机关全面保护公益的现实需要，也是检察公益诉讼制度进一步发展完善的必然要求。解决突出问题是实现法律监督资源合理配置的重要导向，有利于提升监督效能、实现监督效果最大化。界定突出问题应当以社会舆论关注度、人民群众关切度为标准，综合考虑受损程度、范围及持续性等，包括但不限于涉及面广、损害程度大以及长期存在的"老大难"问题。②

（二）不具有"可诉性"的行政行为

行政机关违法行使职权或者不行使职权，使得个人或单位的权益受到侵害，但没有侵害到公共利益，则对于检察监督来说不具有"可诉性"，此时检察机关的监督，以行政违法行为监督为宜。但是行政行为如果侵害了个人或单位的利益，也存在由行政相对人提起行政诉讼的可能，根据所处的诉讼环节不同，检察机关对于行政违法行为的监督可以采用不同的方式。

1. 未进入诉讼程序的案件。行政机关违法行使职权或不行使职权，在没有侵害公共利益的情况下，不具有"可诉性"，属于行政违法行为监督范畴，检察机关可以通过向行政机关制发检察建议的方式督促行政机关及时履职或及时整改。在开展行政违法行为监督中，仅对行政行为的合法性予以审查，不对合理性进行判断，围绕行政行为是否超出了其法定职权范围，程序是否正当合法，行政主体是否适格，是否存在主要事实不清、证据不足等问题开展监督。既可以是个案监督，也要敏于发现共性问题，进行类案监督。如海州区人民检察院对征地拆迁过程中签署空白协议、未达

---

① 参见董凡超：《以"加减乘除"小切口做好政法为民大文章》，载《法治日报》2023年3月15日，第5版。

② 参见徐贝：《如何把握积极稳妥拓展公益诉讼案件范围的内涵》，载《检察日报》2022年4月21日，第7版。

成拆迁补偿协议的情况下没有及时作出裁决等共性问题，向职能部门发出检察建议，督促纠正违法行为。

2. 诉讼中的案件。对于行政行为已经作出，已进入了诉讼阶段，但法院尚未判决的情况，在传统的监督模式中，此时检察机关是不可以介入的，需要等到法院判决以后，才可以通过行政生效裁判监督的方式进行监督。应当注意的是，如果当事人对于行政机关的行政行为到法院提起行政诉讼，而该行政行为又同时侵犯了公共利益，检察机关已经同时提起行政公益诉讼，则法院可以并案处理，此种情况下，检察机关仍然是以行政公益诉讼的方式参与其中。

3. 判决生效后的案件。在法院判决生效后，可以通过对生效裁判的监督实现对行政违法行为的监督。在行政诉讼案件的监督过程中，对于私益受损，通过提起诉讼，寻求法律帮助后，法院不支持诉请的案件，当事人如果认为行政机关侵犯了其合法权益，对法院判决不服，可以申请检察监督。这也就是传统意义上的行政检察的主要职能，对行政生效判决和裁定的监督。检察机关受理行政诉讼监督案件后，会围绕申请监督的理由、争议焦点等对行政诉讼活动进行全面审查，也是对行政行为是否违法的事实认定进行综合性审查，最终根据案件的具体情况作出结论。如海州区人民检察院办理的屠某申请撤销婚姻登记检察监督案，屠某因被冒名婚姻登记将民政部门起诉至法院，因超过诉讼时效，起诉未被受理。到检察机关申请监督，经调查核实，检察机关向民政部门发出检察建议，督促民政部门及时撤销错误的婚姻登记，通过行政违法行为监督维护当事人的权益。同时，检察机关牵头开展行政争议化解工作，通过检察机关的参与，化解申请人和行政机关的矛盾纠纷，实现对申请人利益保护的最大化。如海州区人民检察院办理的刘某征地拆迁行政诉讼案，虽然未支持监督申请，但是牵头住建、街道等部门，多次召开协调会，促成双方达成协议，解决了长达十余年的行政纠纷。

后 记

行政违法行为检察监督,作为行政检察监督工作的重要组成部分,正处于蓬勃发展且不断变革的阶段。在这一领域理论与实践紧密交织且不断发展,本书梳理与提炼其间要点,在完稿之际,回首创作历程,心中满是感慨与感恩。

在本书写作过程中,我们通过从依法行政的建设目标和要求入手,阐述了行政违法行为检察监督的基本理论、实践意义,并结合域外借鉴、实践探索和边界考量等竭力梳理复杂理论,深入剖析实践。本书还收集了各地检察机关办理的行政违法行为检察监督典型案例,以及最高人民检察院出台的相关规范性文件和连云港市检察机关出台的相关文件,加以汇总、整理和分析,将理论联系实际贯穿始终。力求为读者呈现全面、深入且实用的内容。

本书得以问世,离不开众多人士的支持与帮助。连云港检察机关从事行政检察工作的孟倩、潘竹梅、张磊等,他们慷慨地分享了在实际工作中遇到的真实案例、积累的宝贵经验以及面临的棘手问题。这些一手资料,让本书不再是空洞的理论堆砌,而是具有了实践的温度与深度。在此还要感谢法律出版社许睿老师认真细致的工作。

行政违法行为检察监督持续演进,新情况新问题层出不穷。尽管竭尽全力,书中或仍存疏漏。希望本书能够为关注行政违法行为检察监督的读者提供有益的参考。同时,也诚恳地期待各界人士能够提出宝贵的意见与建议，共同推动行政违法行为检察监督领域的理论与实践不断向前发展。让我们携手共进，为完善我国的行政法治体系，提升检察监督效能贡献更多的力量。

唐　张

2025 年 1 月 8 日